決定版

上司の心得

佐々木常夫

角川新書

はじめに

本書の一篇一篇に、私の長きにわたる会社人生で培った「仕事」に対する思いが詰まっている。潰《つぶ》れかかった会社の再建、東《とう》レの主力事業・繊維の再構築、営業担当の時のサプライチェーンの改革、グローバリゼーションに対応した世界各地での工場の相次ぐ増設などを経験する中で、その都度迷い、苦悩し、喜び、感動を体験しながら、一つひとつ学び、身に付けてきたものだ。

私は1969年に東レ株式会社に入社した。高度経済成長という希望に満ちた時代を経て、その後のバブル崩壊と失われた20年も体験した。そしていま、日本経済は急速にグローバル化し、情報技術の革新、前例のない少子高齢化とそれが引き起こす産業構造の変化など、未曾有《みぞう》の大変革が起こっている。こうした中でこれまでとはまた違ったビジネスマインドやスピード感覚が求められていることも理解している。

しかしビジネスの本質は、いつの時代にも不変な部分がある。会社とは何か、仕事とは何か、顧客とは、リーダーシップとは……。

その本質は変わらない。

ビジネスは常に個人対外部の関係性の中で進んでいくものだ。組織の中で生きていく以上、不平等も不条理もなくなることはない。

一方で仕事は、面白さややりがいを感じたり、成功や挫折《ざせつ》を経験する中で一人ひとりの人生を方向づけていく。仕事とは、他者との関わり合いの中で自分の人生を刻んでいく道程《みちのり》なのである。これもまた不変であろう。

仕事にそれなりの野心と向上心を持って臨み、仕事を通して豊かな人生を送りたいと願うなら、なるべく対象や自分自身を客観視し、ものの道理に立ち返って考え行動することである。それができれば、何かの問題にぶち当たりどうするべきか迷ったとき、答えを出すのはそれほど難しいものではない。変化の激しい時代には、そうした態度がより一層大切になるだろう。

ことの本質とは、個人の置かれた状況を超えてシンプルなものである。だから本書では、できるだけ余分なことは書かずにエッセンスを抽出し、シンプルな言葉に収斂《しゅうれん》させていくことに努めた。これまでの私の愛読者にとっては、少しつっけんどんで厳しい言葉と受け止められるかもしれないが、これまでの著作と同様の愛情を注いで書いたつもりだ。

本書は「上司」として生きていく人に向けて書いたものだが、上司に求められるリーダーシップは何も上司のみが果たすべき役割ではない。リーダーシップは人が集まるあらゆる場面に存在し、そこにいる人々に方向性を示し、勇気と希望を与えるものである。

そのような意味で、人生のあらゆる場面に応用可能な指南書としてお役立ていただければ幸いである。

２０１５年12月

佐々木常夫

目次

はじめに 2

第一章 会社とは何か 組織の論理と個人の使命 13

会社とは不条理なもの 14
「生き続けること」が最優先 18
ビジョンを語れるのは勝者だけ 22
たかが掛け軸、されど掛け軸 26
選ぶなら「社格」より「社風」 30

第二章 仕事とは何か ビジネスマンとして生きていく 35

答えは次の扉の先にある 36
上を見て生きろ、下を見て暮らせ 40
ビジネスマンには覚悟が要る 44

ビジネスにセオリーはない　48
仕事も家庭も諦めるな　52
運命を引き受けよ　56

第三章　人を導くとは　自分のなかに従うべき志はあるか　61

勇気と希望を与えよ　62
上司には二つの使命がある　66
一に現実把握力、二に決断力　70
異質を引き受けよ　74
自ら火の粉をかぶれ　78
「断つ、捨てる」を究めよ　82
自ら動き、風を起こせ　86

第四章　活力ある職場をつくる　日々の充実をこの仲間たちと　91

大きな器をつくれ　92

異端児が変化を起こす　96
普通の女性に活躍の場を　100
部下の心を開かせよ　104
悪口の根っこを捕まえよ　108
組織の壁は取り払え　112
心の垣根を取り除く　116

第五章　自分を変える　リーダーの資質を身につける　121

自分が変われば、周囲も変わる　122
原理原則にこだわれ　126
過大評価も過小評価も避ける　130
目標を見つけ、教えを乞いに行け　134
壁にぶつかったら、本物を見に行け　138
多読に落とし穴あり　142
得手を伸ばせ　146

第六章　部下を育てる　上司の最重要課題と心得よ　151
部下は己の分身　152
良い習慣は才能を超える　156
手をかけるべきは遅れ気味の部下　160
仕事はシンプルをもって秀となす　164
悪貨は良貨を駆逐する　168
仏の心で鬼になれ　172
一番の報酬は、次の仕事　176
第七章　上司が未来をつくる　後悔しない選択のメソッド　181
人を幸せにするビジョンを描け　182
事の軽重を計る　186
信念が突破口を開く　190
リーダーの要諦は「現実直視」　194

まず腹をくくれ　198
40代からはしなやかに生きよ　202
人は優しくなければ生きる資格がない　206
あなたが会社を変えなさい　210

おわりに　214

編集協力　山田恵子（エアリーライム）

第一章

会社とは何か

組織の論理と個人の使命

会社とは何か①

会社とは不条理なもの

東芝《とうしば》の不祥事が日本社会を揺るがした。「名門企業ともあろうものが」と愕然《がくぜん》とした人もいれば、「さもありなん、どこでも似たようなものさ」と受け取った人もいただろう。良くも悪くも、それがその人にとっての現実なのである。

巨大な不正会計の背後には、事業の選択と集中が引き起こした熾烈《しれつ》な派閥抗争と、生き残りをかけた利益至上主義があったとされる。何も東芝だけの話ではない。脱税、賄賂《わいろ》、利益水増し……。規模の大小こそあれ、不正を行っている会社はこの世の中至る所に存在する。もちろんそれは承知の上で、敢《あ》えてまず本質論を書かせてもらおう。

会社とは本来「まともな存在」である。

そして経営者や社員は、そのまともな姿を保つべく日々努力していくものである。そのような王道を歩んでいる企業や経営者が多く存在するのも事実なのだ。

この会社に入ったことは間違いではなかったのか、この仕事は続けていく価値のあるものなのか、そうしたことを悩んでいる人は少なくあるまい。

会社では日々、理不尽なことが起きる。昨日「右に行け」と言われたかと思えば、今日は「左に行け」と言われる。がんばった者より何もしなかった者が得をすることもある。妙な人事もあれば左遷もある。人事も決裁も人間がやることだから、間違いもあれば好き嫌いも影響する。

時の運というか、巡りあわせもまた大きい要素である。ちょうどその組織の要《かなめ》の人がいなくなったから、たまたま昇進できたという人もいる。会社の置かれた状況が厳しいときには強いリーダーシップのある人が、順風であれば協調性のある人が選ばれる。自分の直前に特別に優秀な人がいれば、自分にはなかなか出番がまわってこないだろう。

私は東レの取締役時代、社長に「お前の欠点は、いちいち自分で考えるところだ」と言われたことがある。大変ワンマンな方で「俺の言うとおりにやっていろ」というタイプだったので、素直に呑《の》み込まない私はさぞかし使いにくかったに違いない。私は自分ではもう少し昇進していくだろうと思っていたが、取締役就任わずか2年で東レの子会社の社長となった。いわば左遷である。そのこともまた巡りあわせだ。

人間がやることである以上、完全な平等主義や能力主義はあり得ない。しかしすべてが不平等で理不尽というわけでもない。

ビジネスマンは、急流を下る一人乗りのカヌーの漕《こ》ぎ手のようなもの。急な増水で肝を冷やしたかと思えば、一瞬の判断の遅れで岩をよけ損なったり、しばし流れの穏やかなところで一息ついたり、思わぬところで魚が向こうから飛び込んできたりするという幸運もあるだろう。

命からがら漕ぎ切って、河口から雄大な大海を見渡す気分は壮快であるに違いない。しかし、どこまで漕いでいけるかは誰にも分からない。決まっているのは、カヌーに乗り込んだ以上、漕ぎ進むしかないということだ。

刻々と変わる状況のなかで今日一日事なきを得ながら、自分はまだこの先の景色を見てみたいのかどうかを、自らに問い続けるのである。

会社とは何か②

「生き続けること」が最優先

会社は潰《つぶ》れたら一巻の終わり。どんな老舗《しにせ》でも、一流企業でも、ちょっと油断をするとすぐにこの世から消え去ってしまう。そんな現実を、あなたは何度も見てきたはずだ。

カネボウの粉飾決算しかり、雪印食品《ゆきじるししょくひん》の牛肉偽装事件しかり。かつての名門・山一證券《やまいちしょうけん》は、顧客の損失を簿外処理していて資金繰りに窮し、ついに廃業に追い込まれた。最近ではエアバッグのリコール問題で揺れるタカタや、異物混入による深刻な客離れで苦境に立つマクドナルドが、初期対応を誤ったばかりに窮地に追い込まれた。東芝の不正会計のダメージは計り知れない。規模の小さい会社ならとっくに潰れているだろう。

不正会計は一度手を染めるとなかなかやめられないという。そのときトップが苦境にどう向き合ったのか、一瞬の意志の弱さ、判断ミスが、のちのち取り返しのつかない事態を招いてしまうのである。

一つの会社が30年、50年と続くというのは大変なことだ。１００年企業ともなればもはや偉業である。会社とは「ゴーイング・コンサーン」、存続することが大前提といわれるが、そのためには環境が変わろうが、経営者が替わろうが、利益を上げ続けなければばならない。赤字が続くと会社は潰れる。だから経営者は、利益を出すべく常に置かれた環境の中で最善の戦略を立て、あらゆる努力をしていくのである。

一方で、会社は社会に貢献しなければならない。お客さまが求める商品やサービスを世の中に提供していくことで信用を高め、商品が売れ、結果として存続できるのである。信用社会の現代にあっては、ひとたびブラック企業の汚名がつくと、あっという間に苦境に立たされてしまう。ちょっとした油断で会社は潰れるのである。

経営者は、この利益と社会的使命とを両立させながら、強い組織を作り、有能な人材を育てる責任を負う。そして決して間違いを起こさないよう、いつも全方位に目を光らせる。

それでも会社倒産の危機が生じることはある。そのときには大リストラに着手し、経費削減や人員整理をしてでも会社を生き残らせるのが経営陣の使命だ。事業の立て直しが求められるとき目標にすべきは5％や10％などではなく、「半分」や「3分の1」という厳しいものである。それだけの人員整理や事業統合を行えば、切られる側の社員は生活をかけて抵抗するだろう。それでも経営する側はやり抜かなければならない。

生き残ることが最優先。そのときには、やる方もやられる方も不条理を抱えて進むしかない。それが会社というものである。

会社とは何か③

ビジョンを語れるのは勝者だけ

「いま現在のＩＢＭに最も必要ないもの、それがビジョンだ」

全米屈指の立て直し屋ルイス・ガースナーはそう語った。１９９３年、業績悪化に苦しむＩＢＭにはじめての外部出身ＣＥＯとして招き入れられ、４カ月後に記者会見をした席での発言である。そして次のように続けた。「いま最優先すべきは収益性の回復だ。会社のビジョンを掲げるのであれば、その第一は利益を出すことだ」（『巨象も踊る』ルイス・ガースナー著、日本経済新聞社《にほんけいざいしんぶんしゃ》）

会社における「勝者」とは、利益を上げた者である。会社にとって適正な利益を上げることは最低条件であり、それもせずにビジョンだ、戦略だ、成長だ、人材育成だと言っても、そんなものは「床の間の掛け軸」にすぎない。

セブン‐イレブン・ジャパンの鈴木《すずき》敏文《としふみ》会長があれだけ社員に尊敬され、ビジネス書もたくさん出ているのは、優れたビジネスモデルをつくり上げ、多くの利益を生み出しているからである。

一方、社員の能力を引き出し、それを経営に結びつけることで成功した指導者もいる。クロネコヤマトの小倉昌男《おぐらまさお》社長や、日産《にっさん》のカルロス・ゴーンCEOなどはそのタイプだ。どんな手法にせよ、利益を出している経営者の言葉に人は耳を傾ける。

かつてカルロス・ゴーンが日産にやってきたとき、フランスから連れてきた部下はわずか17人。パリを発《た》つ前、その精鋭たちにこう伝えたという。

「日産を変えようなどと思うな。我々は日産を立て直す手助けをする。それに尽きる」

彼らが日産に来て最初にやったことは、開発、営業、生産など異なるセクションの課長ら100人の日本人社員を集め、徹底的に議論をさせたことであった。その中から良いアイディアを採用してつくられたのがあの有名な「日産リバイバル・プラン」である。カルロス・ゴーンは古い経営陣ではなく、第一線の現場を知る若手の意見を採用した。そして初年度の黒字化、2年後の営業利益4・5%、3年後までに有利子負債を半減という公約を達成した。プロの経営者の面目躍如であった。

勝てる経営者の言葉には力が宿り、社員にもお客さまにも浸透して行く。
誰でもビジョンを語るのは自由だが、人の心に届くのは勝者の言葉なのである。

会社とは何か④

たかが掛け軸、されど掛け軸

新年会や入社式での社長の訓示とは大体つまらないものである。話を聞きながらあくびをしている社員はごまんといるだろう。それでも毎年社長は同じことを繰り返し社員に語り続ける。確かにつまらないかもしれないが、そうした反復連打は必要なことだ。

1982年9月、ジョンソン・エンド・ジョンソンの解熱剤「タイレノール」に、何者かによって毒物が混入され、12歳の少女を含む7人が命を落とす大事件となった。最初に事件が発生したのはシカゴだった。このとき、会長兼CEOを務めていたジェームズ・バークは、事件報道同日にマスコミを通じて製品の使用中止を呼びかけるとともに、シカゴの小売り店からのタイレノール回収を指示した。数日後にカリフォルニアで類似の事態が起こると、即座に全米での回収を決定。どれほどの損害になるか、見当もつかなかっただろう。しかし経営会議で異論は一切なく、現場の社員もその方針に従い迅速に回収。30都市にわたるテレビ放映、専用フリーダイヤルの設置などの手を次々と打ち、全国民に製品の回収と注意を呼びかけた。

ジョンソン・エンド・ジョンソンに、緊急対応マニュアルはなかったという。CEO

が判断のよりどころとしたのは、1943年に制定された「我が信条（Our Credo）」という企業理念・倫理規定であった。「我々の第一の責任は、我々の製品およびサービスを使用してくれる医師、看護師、患者、そして母親、父親をはじめとする、すべての顧客に対するものであると確信する」とある。

バークが躊躇《ちゅうちょ》せず、回収の大英断を下せたのは、この経営理念が社員はもちろん、株主や取引先にも共有されているという確信があったからに違いない。平時には「床の間の掛け軸」であった「我が信条」には魂が宿っていたのだ。

東芝は、かつて石坂泰三《いしざかたいぞう》や土光敏夫《どこうとしお》が率いた会社である。残念なことに今の東芝には、あの土光さんの会社だった頃の面影はない。松下電気《まつしたでんき》は、創業者である松下幸之助《まつしたこうのすけ》の思想を長く引き継いでいたが、パナソニックとなった今、その思想を熱く語る人は少数派だろう。いかに偉大なリーダーの教えであっても、それを受け継ぐということの難しいことか。

なぜ経営者は経営理念を作るのか。会社の使命を謳《うた》うのか。それは、それが当たり前のことでありながら、容易に忘れられてしまうからだ。社員の多くは、自分の会社が非常事態に陥るなどとは思っていない。いざというとき、会社の一員としてどのような行動を取るべきかを、誰かが教え続けるしかないのだ。

だから社長は毎年、新年会や入社式の挨拶《あいさつ》で「社会に貢献しよう」「倫理にもとる行為をしてはならない」などと、当たり前の同じ話を繰り返し繰り返し伝え続けるのである。

会社とは何か⑤

選ぶなら「社格」より「社風」

ふた通りの会社がある。

一つは、社員に「自分のために働きなさい」と言う会社。

もう一つは、「会社のために働きなさい」と言う会社である。

どちらがいいと言うことはできない。主体的に自由闊達《かったつ》に働ける環境で花開く人もいれば、強い指揮官のもと、軍隊の一兵卒のように働くほうが迷わなくていい、という人もいる。要は、会社と自分との相性である。


前者の好例はホンダだろう。本田技研工業《ほんだぎけんこうぎょう》社長の福井威夫《ふくいたけお》さん（当時）は、毎年新入社員への挨拶でこう語った。「入社してホンダウェイを学ぶのもいい。しかし君たちが何かしなければ、明日のホンダはない。ホンダを変えることに君たちの価値があるのだ。ホンダのために働くと考えること自体、すでにホンダウェイではない。人は何のために働くのか、会社のためではなく、自分のためだ。それはいつの時代でも、世界中どこでも当たり前のことだ」

こう言われて感動しない社員はいるまい。逆に「よーし、この素晴らしい会社のためにがんばるぞ！」と思わせる、さすが本田宗一郎《ほんだそういちろう》の創った会社である。

以前、ホンダの研究所を訪ねたことがある。私はその日、福井社長と会う約束だった。道が分からず駅前の交番で道を尋ねると、たまたまそこにいた人がホンダの社員で、道案内してくれるという。聞くとホンダの部長職にあり、私に誰に会いにきたのかと問うた。「ある上層部の方です」と答えると、彼は目を輝かせてこう言った。「いや〜、うちのトップの福井というのは、なかなかの男ですよ！」社員が見知らぬ人に道すがら自分の会社の社長自慢をする。こういう会社は、間違いなく社員の士気を高めている会社である。


どんな会社に勤めていようと、一番大切なのは自分であって会社ではない。だから、もし今の会社がどうしても自分に合わなかったら辞めればいい。それは誰にも止められないことだ。

しかし一度そこを自分の活躍の場と決めた以上は、会社のために必死にがんばるべきだ。その舞台で自分に与えられた役割を精一杯演じたうえで、どんなに努力してもそこでは自己実現できないと分かったときには、自分の立つべき別の舞台を探すしかない。

そういう意味で、自分が一番なのである。

第二章

仕事とは何か

ビジネスマンとして生きていく

仕事とは何か①

答えは次の扉の先にある

「人は何のために働くのか」こういう疑問が頭の中に浮かんでいる人は、ある意味恵まれた環境にあるのだろう。今日一日を生きることさえ必死な人にとって、何のために働くのかは自明のことである。明日の糧を確保するためだ。むしろ、安月給であっても毎月安定的な収入があって、当面の暮らしを心配する必要がなくなったとき「人は何のために働くのか」という問いに向き合う余裕が生まれるのである。

仕事には、苦しい場面がたくさんある。不可能と思われる課題を突きつけられたり、上司や部下、顧客との人間関係に悩んだり。ときにはひどい裏切りを受けて傷ついたりすることもあるだろう。生きるためなら、どんなことにも耐えなければならないのだろうか――。

私はこう思う。人は食べるためだけに働くのではない。自分の成長のため、何かに貢献するためにも働くのだ。自己の成長に対して喜びを感じるのは、人間の本能といってよい。30歳のときにはできなかったことが今はできるようになっている。当時はよくわからなかったことが、今は深いレベルで理解できている。そういうことを実感できたとき、「仕事とは面白いものだ。途中で投げ出さずにこの仕事をやってきて良かった」と心から思えるはずである。自己実現の手応《てごた》え、プロの自覚、仕事を通じた友情や信頼。仕事は君にさまざまな喜びを与えてくれる。ライバルに勝つこと、そして敗北さえも君を成長させてくれる糧となるだろう。

もちろん、人は趣味を通じても成長を実感することができる。フルマラソンを完走した。ピアノを習って難しい曲が弾けるようになった。そんな成長も喜びとなる。しかし仕事が趣味と違うのは、自分が成長を遂げることが、社会貢献につながるところである。自社製品が社会の役に立っていると感じられるとき。納品した商品にお客さまが満足してくれたとき。あるいは自分が育てた部下が、立派に成長した姿を見せてくれたとき。この仕事をしていて良かったと、素直に思えるだろう。

社会とは自分を取り巻くすべてである。身の回りの狭い社会から、もっと大きな社会まで、社会は果てしなく広がっている。目の前の扉を開けば、その先にはまた次の扉がある。それが仕事の奥深さであり面白さである。悩みや苦労を一つずつ乗り越えて成長すればするほど、より広く、もっと深く、社会や人々に貢献している自分を発見することができるはずである。

仕事とは何か②

上を見て生きろ、下を見て暮らせ

以前、ある知人にこんなことを言われた。

「佐々木さんは〝志〟が大切だとおっしゃるが、私は〝志〟なんていらない。ほしいのは〝結果〟ですよ」

たしかに、結果の伴わない志に価値があるのだろうか？

「仕事を通して自己実現をめざしたい」「仕事を通して社会貢献をしたい」

こちらは若い人からよく聞く言葉である。それはそれで素晴らしい心がけではあるが、もし彼が目の前の仕事に全力を注いでいなければ、誰がその言葉を信じるだろうか？

こういう意見を聞いて改めて、それでも私は「志なんかいらない」という知人の意見に与《くみ》することはできない。なぜなら、志こそが「やりがい」や「生きがい」を生み出すからだ。

こんな寓話《ぐうわ》がある。一人の旅人が街を歩いていると、石を積んでいる人が見えた。

「あなたは、何をしているのですか？」そう尋ねると、石積み職人は答えた。

「見ればわかるだろう。石を積んでいるのだ」

旅を続けると、また石を積んでいる人がいたので、再び同じことを尋ねた。するとその石積み職人はこう答えた。

「私は、人々の心の安らぎの場となる教会をつくっているのです」


二人の職人は、石を一つひとつ積み上げるという同じ作業をしている。しかし、この二人が見ている世界、描いている夢はまったく違うものだ。

現実の仕事はたいていの場合、地味で忍耐が要求されるものである。会社で日々課せられるつまらない報告書の作成も、苦手な飛び込み営業も、それが掟《おきて》であるならやるまでである。

だが、働きがいはその人の意識の持ち方で大きく変わる。サッカー日本代表の本田圭《ほんだけい》佑《すけ》選手は、小学校の文集に「将来はセリエAで活躍する」と書き、その目標に向かってドリブルや筋トレなどの基礎練習に人一倍励んだのだろう。夢があるからこそ、石を一つひとつ積み重ねるような地味な作業にも意味を見出《みいだ》せるのである。

本田選手はこうも言っている。「目標はちょっと大げさ過ぎるくらいでいい。実際にプレーするとなると、そこまでできないのが人間だから」

まさに、人間とは、自分の目標以上のものにはならないものなのだ。


上を見て生きろ、下を見て暮らせ——。

これは、私が大切にしている言葉である。

「上を見て生きる」とは、志に従って生きるということ。そして、「下を見て暮らす」とは、目の前の仕事で一つひとつ結果を出していくということである。

仕事とは何か③

ビジネスマンには覚悟が要る

ビジネスマンとして生きていくと決めたなら、日々自分の周りで起こる難題や不安を乗り越えていかねばならない。なぜなら会社がそれを君に望むからだ。しかしそれには相当な覚悟が要る。

納得できない人事も、人間性に問題のある上司や使えない部下も、甘んじて受け入れなければならない。筋の通らないことで頭を下げることもあるだろう。自分の意に染まぬ部署に異動させられることも予期しておかなければならない。覚悟しなければいけないことは山ほどある。

TBSのテレビドラマ『半沢直樹《はんざわなおき》』は、ビジネスマンに大いに受けたという。町工場を経営していた主人公の父親が、銀行から融資を引き揚げられて自殺に追い込まれた。一方、そのときの銀行の担当者は出世して、常務にまで上り詰めた。視聴者の多くが「あまりに理不尽だ」と感じ、父の敵を取る息子の活躍に拍手喝采《かっさい》したことだろう。

しかし、銀行には銀行の立場というものがある。銀行と付き合うときには、相手は銀行の利益を優先して行動するものと理解し、そうした覚悟で対応しなければならないものだ。もしあのまま融資を続けていたら、貸付金が不良債権化して銀行に損失を与えることになったかもしれない。常務となった担当者も、彼なりの論理と会社への忠誠心で融資を打ち切ったはずだ。それがビジネスの世界における「正論」である。

しかし半沢直樹の父親には、それができなかった。最後の最後に残された手段が自殺だったのは悲しい話だが、一方的に銀行が理不尽とは言えないというのが、私の正直な感想だ。

「お客さまは神様です」というのは、往年の演歌の大スター、三波春夫《みなみはるお》の決まり文句である。それは一面では正解だが、裏を返せば「客は敵」である。こちらが安くすれば向こうが儲《もう》かり、こちらが高くしたら向こうが損をする。そういう関係である以上、「営業は戦い」とも言えるのだ。

ビジネスの「正論」は、時に非情である。それを「理不尽だ」と思うから、客観的な視点が抜け落ち、ストレスが溜《た》まるのである。仕事なんてそんなものと受け入れて腹をくくった方が、何事もやりやすい。顧客に上から目線でものを言われるくらい何でもなくなる。

もし、どうしても顧客の要求に従いたくないなら、相手に「その要求は理不尽だ」と認めさせるだけの客観的論理を用意して説得することである。それだけの努力や工夫ができてこそ、一流のビジネスマンと評価されるのである。

仕事とは何か④

ビジネスにセオリーはない

人から学ばずして、一人前のビジネスマンになれる人などいない。誰もが最初は新人である。先輩や上司から手ほどきを受け、彼らの行動を真似しながら、仕事というものを一から学んでいくのである。だから勉強熱心は結構なことであるが、学習だけで頭でっかちにはならぬように注意したいものだ。経営の「セオリー」をせっせと学び、多くの知識を得ることに価値があると勘違いしている人は意外に多い。セオリーはわかりやすくスマートではあるが、そのまま現実のビジネスに当てはめられるわけではない。

軽くて強い素材として、ロケットから釣り竿《ざお》まで幅広く使用されるようになった「炭素繊維」は、今や東レの中核事業である。が、かつて一度「炭素繊維の開発中止」の決定が下されたことがあった。その理由は、「開発費用が膨大なわりには将来性が不明」というものだった。

だが、当時この技術開発に携わっていた技術陣は、炭素繊維に命を賭《か》けていたと言っても過言ではない。その熱い情熱で、経営陣に何度も直訴して、最後は開発再開をもぎとったのである。

ところがこの事業、再開後もなかなか波には乗れなかった。ようやく製品化されてからも長く赤字が続き、市場成長性も不明確なままだった。いつ切り捨てられても不思議ではない。社内の風当たりは相当なものだった。それに抗し続けたのが、炭素繊維の可能性を確信する技術者たちと経営陣だった。決して揺るがない彼らの熱意が、徐々に事態を変えていったのだ。

もしも、「赤字事業は撤退」とか「選択と集中」といった一般的な経営のセオリーのもとに炭素繊維事業を切り捨てていたら、会社の成長の礎を失うことになっていた。

実際のところ、当事者として日々ヒリヒリするような決断を下している立場の人間が、「事業性は市場成長性と市場占有率で」「選択と集中が重要」といった理論のみによって結論など導き出せるものではない。ビジネスとは、市場のおかれた状況、経営者及び担当するスタッフの士気、競争相手の強弱、自社の保有する技術レベルなど、さまざまに複雑な要因が絡みあう「生きもの」である。もちろん経営のセオリーは活用するが、決裁者の背中を最後に押すのは「現実直視と信念」であろう。

ビジネスは一つところに定まることなく、常に新たな可能性が生まれては消えていく。それを活《い》かすも殺すも、それに関わる人々の意志一つ。そこに仕事の醍醐味《だいごみ》がある。

仕事とは何か⑤

仕事も家庭も諦めるな

家庭を犠牲にしてまで、会社のために働いている人がいる。会社での仕事はそこそこにして、家庭や趣味を大切にしている人もいる。どちらを優先するかは個人の生き方だから、第三者がとやかく言うことではない。しかし一番幸せな生き方は、会社も私生活も充実している人のそれであろう。

家庭を犠牲にして働く人は、仕事の魅力に取り憑《つ》かれている人である。刻々と変化する市場の状況、社内の環境や人間関係の力学など、さまざまな条件を睨《にら》みながら現状を把握し、将来を予測し、戦略を立てて実行する。これほど面白いゲームはない。

しかし、その裏側で家族に悲しい思いをさせてはいないか。自分の趣味や友人との付き合いなどプライベートを犠牲にしていないか。仕事だけの狭い世界で生きていては、大事な家族と触れ合う時間も少なくなるし、人間の幅も広がらない。体を壊すリスクも当然増える。

一方、仕事よりも家庭や趣味を大事にする人は、どこかで自分の成長を諦《あきら》めているのではないだろうか。積極的に趣味や家庭を選択したというよりは、プライベートのほうに逃げているとはいえないか。

よき職業人になれない人が、よき家庭人を目指そうとしても難しい。職場で上司や部下には気を遣えないが、家庭で奥さんや子どもになら気配りができるというほど人間は器用にできていない。家庭を逃げ場にしていては、どちらもうまくいかなくなる可能性が大きい。

仕事と家庭、どちらも大切にするべきものである。

だからといって、何も長時間べったり家族と一緒にいる必要はない。私の父親は私が6歳の時に亡くなった。以来、母親は朝から晩まで働きづめで、子どもたちと触れ合う時間などほとんどなかった。けれども私たち4人兄弟は、皆それなりに育った。それはたしかに母親と触れ合う時間は少なかったが、その親がどんな覚悟で働き、家族をどれほど愛しているか子どもたちがそれぞれ感じていたからだ。

大切なのはたとえ時間は短くとも、一緒にいるときに目の前の家族に心を寄せられているかどうかである。仕事一筋に見える人間でも、家族のことをきちんと心の中心に置き大事に思っている人はいる。そんな人は家族が何かに悩んだり、大きな変化があったとき、節目節目で相談に乗ったり大切な言葉を伝えたりするものである。

そうしたことができていれば、子どもはかならずよく親の言葉に耳を貸し、自分の問題に対処するようになる。

将来仲良く酒を飲む、そんな愉《たの》しみも待っていようというものだ。

仕事とは何か⑥

運命を引き受けよ

君は、自分の人生とはいったいどのようなもので、何のために生きていると思っているだろうか。私は、人生とは与えられた環境の中で、自分の使命を全力で果たしていくことであると考えている。

「人は何のために生きるのか」などと、こちらから問えるものではない。「人生から問われていること」に全力で応えていく。つまり「自分の人生に与えられた使命をまっとうすること」だけが、人間に唯一できることなのではないだろうか。

私はこのことを、ヴィクトール・E・フランクルの『夜と霧』から学んだ。この本は、優秀なユダヤ人心理学者であったフランクルが、妻、両親とともに強制収容所へ送られた約2年半、壮絶な体験を乗り越えて奇跡的生還を遂げるまでの記録と考察の書である。

収容所では、1日に300グラムのパンと水のようなスープ、半年間着たきりのシャツ、夜は折り重なるようにして眠るという苛酷《かこく》な環境で、辛《つら》く重い労働が課せられた。ガス室に送られるか別の収容所に移されるか、つまり「生と死」はちょっとした偶然で決まった。明日の命の保障もない。そんな状況下でクリスマスに解放されるとの根拠のない希望を抱き、それが裏切られると、急に力尽きて死ぬ人が多かったという。つまり人は希望があると生きていけるが、絶望すると生きる力がなくなるのだ。

フランクルは、収容所の仲間に「どうしたら精神的な崩壊を防げるか教えてほしい」と問われ、その時点で言い得る最善の回答をした。「私個人としては、希望を捨て、投げやりになる気は全くない。ありがたいことに未来は未定だ。人間が生きることには常に、どんな状況でも意味がある」と。

どんなに悲惨な状況下でも、フランクルは常に冷静な視点で収容所での出来事を記録し、囚人たちが何に絶望し、何に希望を見出したかを見つめ続けた。それはいつの日か我が身に起こったことを本に著し、人々に伝えたいという強い想いがあったからだ。その目的が、フランクルに生きる力を与え続けた。そして解放の後、『夜と霧』をわずか9日間で書き上げたのだ。

比ぶべくもないが、私の人生にも厳しい時期があった。39歳で課長になり、よしこれからという矢先に妻が肝臓病を患い、入退院を繰り返すようになったのだ。私には自閉症の長男を含む3人の子どもがいて、仕事では多忙を極めていた。にもかかわらず、いつ終わるとも知れない妻の看病と子どもたちの世話のため、毎日定時に退社しなければならなくなった。しかも、会社からは何度も転勤を命じられ、東京と大阪を6度も行き来せざるを得なかった。

絶望も経験した。妻がうつ病を併発し、自殺未遂を起こしたときだ。7時間にも及んだ手術の間、私は「これで私の人生も終わった」とまで思いつめたこともあった。もうこれ以上、とてもがんばれる気がしなかった。

8年の年月を要したが、幸いにも妻は回復に向かい、今ではすっかり元気になった。長男もたくましく生きてくれている。私があの辛い時期を乗り越えられたのは、「自分に与えられた運命を引き受けようと覚悟したこと」が大きかったと思う。

人は、みなそれぞれ違う状況を抱えて生きている。経済状況、家族関係、健康状態、才能、容姿、年齢、性別、みな違う。生まれてくる時代や国も天与のもの。それを嘆いても仕方がない。与えられた条件の中で、努力するに値するような目標や夢を見出すことができたとき、それが苦しみを乗り越える力となり、人生に素晴らしい果実を実らせてくれるのである。

第三章

人を導くとは

自分のなかに従うべき志はあるか

人を導くとは①

勇気と希望を与えよ

私が考えるリーダーの定義はとてもシンプルだ。

「一緒に仕事をしていると、勇気と希望をもらえる人」である。

リーダーシップは「権力」ではない。リーダーシップのない権力者や組織のトップは山ほどいる。一方で、若い人や主婦の中にも、リーダーシップを発揮している人はたくさんいる。私たち一人ひとりが、与えられた持ち場において発揮するものがリーダーシップである。


私の先輩で、長い間海外事業を担当したのち帰国して、国際部長を務められた方がいる。その先輩が、帰国後すぐの部門会議で海外子会社整理の顚末《てんまつ》を報告していたとき、上司である常務からこんな冷やかしの言葉が飛んできたのだという。

「君が会社を整理するのはこれで三つ目だな。葬儀屋も板についたもんだ」

以下はこの先輩と常務の心温まる思い出話である。

会議から1週間程たった頃、常務から「今晩空いているか、慰労会をしてやるから来い」とお誘いが掛かった。常務はいつも秘書を通さず、役員室から降りて来て席の背後からいきなり声を掛ける人だった。そこにいた数人にも「残業なんて能率の悪い奴がするもんだ。お前たちも来い。ただしいつもの安い焼き鳥屋だぞ」と気さくに誘った。店で常務は、先輩の話を黙ってじっと聞いていた。そして「お前もひでえ目にあったんだなあ。無事でよかった、よかった。まあ一杯飲め」と酌をしてくれたそうだ。

その後はお決まりの戦争話。宴《うたげ》の終わり、おかみが差し出すレシートをビリビリと破き、これは自腹だよというところを見せる。少々芝居がかってはいるが、言葉よりはるかに雄弁に、上司の心意気を語っていたに違いない。


先輩が中米《ちゅうべい》の関係会社の全従業員を解雇するという仕事で出張したときにも、常務は「手に負えない事態になったら、すぐさま言って来い。俺が飛んで行くから」と送り出してくれたという。「最終的には自分が全責任を負う」という気構えを常に示し続ける人であった。

最近お目にかからなくなってしまったタイプではあるが、こんな上司には部下は無条件について行くものだ。
リーダーシップは生来のものであると言う人もいるが、そうではない。さまざまな苦難に揉《も》まれ、それを乗り越えて、他人の苦しみや喜びを理解していく過程で徐々に培われていくのだ。常務にとっては、戦争体験が大きかったようである。南洋《なんよう》で輸送船が敵の駆逐艦の攻撃を受けて大破され、小隊ごと海中に投げ出されてしまったとき、彼は部下たちを鼓舞し続け、数時間後に仲間の船に救出されたということだ。

もうだめだ、という苦境のとき「あとひと踏ん張りがんばろう」と言える人。みんなが尻込《しりご》みをしているときに「私が行こう」と言える人。彼らはそのとき、リーダーである。「リーダー不在」を人ごとのように語る前に、自分にできることは何かを一人ひとりが考えはじめたとき、そこに新しいリーダーが誕生するのである。

人を導くとは②

上司には二つの使命がある

組織を預かる上司には大切な使命が二つある。

その一つは、自分に与えられた業務目標を達成すること。

もう一つは、自分の組織の中にいる部下を監督し成長させること。

前者は当たり前のことである。仕事で結果を出すことこそ会社員の使命であり、その人の評価につながるものだ。リーダーともなれば、言われずとも組織として成果を上げることに熱心に取り組むだろう。


それに対して、後者の意味を正しく理解し、自分の使命だと考えている人は意外に多くはない。だが、この「部下たちを適切に指導し、その成長に貢献すること」は、組織を率いる人間としての最重要課題なのである。

私が敬愛する経済界の先達の一人である土光敏夫さんは、大学卒業後、石川島造船所《いしかわじまぞうせんじょ》（現在の株式会社ＩＨＩ）に入社し、純国産の船舶用タービンの開発に携わった。そして開発に明け暮れるそのなかで、彼は自発的に「夜間学校」を開いた。仕事が終わった後、睡眠時間を削ってまで、やる気のある少年工を集めて初歩の機械工学や電気工学を教えていたのだという。なぜか。

「彼らの能力をアップさせなければ、造船所の技術力も一流にならない」と考えたからである（『清貧と復興　土光敏夫100の言葉』出町譲《でまちゆずる》著、文藝春秋《ぶんげいしゅんじゅう》）。


未熟な人たちを育てることは、強い組織を創りあげる鉄則である。短期的な成果ばかりに目が行く上司は、能力の高い特定の人間だけを重用し、能力が低い人間には目が行かない。出来る人間は仕事が速く確かだし、任せていれば安心で自分がラクなのである。

一方、能力の低い部下は、細かく指示を出さなければならず、仕事は遅いし失敗することも多い。何かあったときに責任を問われるのは、上司である自分だ。できればそうした〝落ちこぼれ〟は、早く別の部署に異動させて、代わって優秀な社員を獲得したいだろう。

しかし、それでは強い組織は出来上がらない。なぜなら、よくできる社員はすでによくがんばっているので、いま以上の伸びしろはそれほど大きくないからだ。

上司が重点的に気をかけなければいけないのは、少し遅れ気味の部下、外れ者の部下、苦労している部下である。そういう部下は、手間はかかるかもしれないが、少し手を差し伸べれば、2～3割は容易に伸びる。そうすることで組織を構成するメンバー全体の力を伸ばし、組織の底上げができる。結果として、与えられた業務目標を、組織として達成することができるのである。これぞ上司の本懐である。

組織の中で大きく伸びていく人材の多くは、新入社員時代にどんな部署の誰が上司であったかということが大きく影響するといわれる。まだ仕事というものがよくわかっていないとき「会社というのは……」「仕事とはこうするのだ」と的確に教えてもらえたかどうかが、その人の仕事人生を大きく左右するということだ。

「教えることに、もっと熱意を持ちたい。そして、教えられることに、もっと謙虚でありたい。教えずしては、何ものも生まれてはこないのである」

これは経営の神様、松下幸之助の言葉である（『道をひらく』松下幸之助著、ＰＨＰ研究所）。

人を導くとは③

一に現実把握力、二に決断力

「リーダーに一番必要な能力は決断力だ」と言う人がいる。もちろん決断力は大切な能力だが、私はそれが一番だとは思わない。

むしろ一番重要なのは「現実把握力」である。どんなに決断力があっても、現実を間違って把握してしまえば、誤った決断を下すことになるからである。主観や偏見も、人の判断力を狂わせる。決断力を発揮する前にまず大切なのは、現実を正しく把握することである。

私は東レで長い間繊維事業を担当していたが、あるとき人事異動でプラスティック事業の担当に変わったことがある。そのなかにフィルム事業があった。事業部ではフィルム事業拡大のため海外での生産増強を考え、マレーシアでの新工場建設のプランを進めていた。プラスティック事業の担当者が何人も海外出張し、あちこちの工業団地を訪問するなど、必死に新たな生産拠点を探していた。私も調査団として参加したが、求めている水や電力などのインフラ、工場スペース、従業員の確保などは想像以上に大変そうであった。

そこで思いついたのが、マレーシアに既設していた東レの繊維工場である。それはかなり広い土地を有し、遊休スペースもある。この繊維工場のスペース、用役設備、従業員を活用すれば、ローコストでしかも早く新工場ができると考えた。

その提案は事業採算も良好で早速採用され、行き詰まりを打開する突破口となった。プラスティック事業の担当者にも優秀な人はたくさんいたが、同じ東レでも畑違いの他部門の現実はあまり知らなかった。私は繊維部門の実態をよく知っていたから、このような提案ができたのだ。

では、現実把握力はいかに養えばいいのだろうか。それは一朝一夕に身につくものではない。現場で実際の仕事に関わる中で鍛えていくしかない。

誰でもリーダーになったばかりの頃には、まだ自分の知らない事実があることに気づかなかったり、本当は原因ではないものを原因と思い込んで失敗したりするものだ。そうした中から、次第に本当の原因とそうでない原因を見分ける力が養われていくのである。

一度や二度の失敗でへこたれていてはいけない。

失敗こそ、チャンス。失敗こそ、最高の教師であり、その学びの中から人は成長していく。

人を導くとは④

異質を引き受けよ

リーダーとは、常に批判にさらされている存在である。なぜなら、常に判断を求められ、組織のメンバーはそれに従わざるを得ない。そして、その結果に対する責任を問われるからだ。ところが、その批判を口にする部下は滅多にいない。黙って上司の命に従うのだ。リーダーが自身への批判に触れる機会は多くはない。

だからこそ、リーダーたるもの、常に自分を客観的な視点で眺め、思い込みで間違った判断を下していないかどうかを確認し続けなければならない。

しかし、これが難しい。人間にとって、自らの「思い込み」に気づくことは至難の業である。「思い込み」とは、自らの思考の枠組みそのものである。その思考の枠組みを自らの思考によって検証するのは、鏡を使わずに自分の顔を見るようなものだ。常人にはなかなかできることではない。だから私たちは「思い込み」にとらわれて、逃れられなくなってしまう。それが現実の正しい把握を妨げ、ときに道を誤ってしまうのだ。

思い込みにとらわれないためには、他者に指摘してもらうか、異質な考え方に触れることである。それこそが、思い込みから君を解き放つ最良の方法だ。そして、そのために欠かせないのが、組織内のダイバーシティである。

私は前項で繊維部門からプラスティック部門に異動して、マレーシアのフィルム新工場を繊維工場のそばに立地させることで安価で早期の工場立ち上げを実現したと書いた。これは私のような他部門にいた人間が入ることで起こった現象である。こういったことは別に新工場の話だけにとどまらない。たとえばプラスティック事業での会議はトップだけで行い、あまりスタッフを参加させなかったが、繊維事業では生産技術部や企画管理部の担当課長が役員のテーブルの後ろ側に座るのが常だった。これはトップが細かいことで事実認識を誤ったまま議論を進め、方向を間違うといけないからである。

私は、情報システム関連の改革、生産と営業の合同会議のあり方、業務マニュアルの作成、人事評価制度などについても、私が繊維部門で経験したことでプラスティック事業で役に立ちそうなことは次々に提案し実行していった。

会社によっては他部門と交流する会社もあるが、入社したとき配属された部署にずっと在籍するケースも多い。特に優れた人であればあるほど、そこでの評価が高いためなかなか異動しない。そのためその部門特有の慣習が変わらないということがある。その組織の活性化のためには、違った部署同士の人事交流が必要である。

異質な考え方を持つ者が同じ組織に共存することによって、そこは多様な意見・考え方・ものの見方との出会いの場となる。ダイバーシティが確保されている集団ではしばしば、意見の対立や衝突が生じることもあるだろう。しかし、そのような摩擦を通じて、お互いの思い込みが是正され、新しい気づきや変化がもたらされるのである。

人間は誰でも、従順な人を好ましく思い、批判を口にする人間を疎ましく思うものだ。そしてときにリーダーは、「人事権」という武器を使って組織の中の異質な人間や、自分にとって不都合な人間を排除してしまう。その瞬間にダイバーシティは死ぬ。

リーダーには、異質なものを積極的に受け入れあえて批判を求めるだけの度量の大きさを、私は求めたいのである。

人を導くとは⑤

自ら火の粉をかぶれ

リーダーには、自分に与えられた使命を遂行するため人々を組み合わせ、結果を得るまで止まらないように駆り立て続ける情念が求められる。ある意味、全人格的な勝負をしているといえるだろう。

私の身近にそのリーダー像を見事に体現した先輩がいる。田中健一《たなかけんいち》さんはかつて東レの関係会社にある、繊維の専門商社を再建するために、社長として送り込まれた。この会社は30年にわたる構造的赤字体質で、大株主からの支援を受けてようやく生き延びているような状態であった。しかしとうとう資金の枯渇による信用不安を引き起こし、株価が31円まで下落する事態を招く。親会社と主力行は、借入金1000億円を400億円に減らすとともに、経常利益を22億円出すという再建計画と引き換えに救済を決めたが、関係者の誰もが達成不可能と見ていた。

しかし、社長として送り込まれた田中さんの仕事振りはすさまじかった。内示を受けたその日に自分の給与返上を申し出るとともに、再建期限も1年と切って背水の陣を敷いた。準備期間はたったの2か月間、計画達成に与えられた期間は実質6か月しかなかった。そのため、それまで分散していた権限を社長である自分に集中させた。当然、役員らを中心に強い抵抗を受けたが、一歩も引かず指揮権を確立すると、大リストラを断行。組織を簡素化し、不要ポストとなった役員を社外に転籍させた。13あった管理部門を二つに削減し、物流を営業に統合させるなどして、スタッフも100人以上削減。60歳以上は全員退職、組合員の本給1割カット、社長室の廃止、不採算部門からの撤収、執務スペースの半減、創業地である京都オフィスの閉鎖、企業年金の廃止、子会社の売却・閉鎖など、ありとあらゆる手立てを講じて50億円のコストカットを実現させた。

一方、借入金の返済を急いだ。なけなしの株式や不動産をすべて売却したほか、不要在庫もすべて売りさばいた。総資産が1年で半分になるほどのリストラだった。

最も力を入れたのは企業文化を変えることだった。せっかく借金を返しても、同じことをやっていれば元の木阿弥《もくあみ》である。親会社への甘えをなくし、自分の力で生きていくことを、社員たちに徹底的に叩《たた》き込んだ。

そして600億円の借入金返済と22億円の経常黒字という再建計画を超過達成。その半年後には借入金をすべて返済。1年半で無借金となり、株価は底値から10倍となった。

しかし、私が田中さんを特別に尊敬するのは、別に理由がある。これだけのリストラをやったのだから、さぞ恨みを買ったはず。ところが田中さんは、今でも毎年「感謝の会」に招かれている。それも主催者は、リストラの対象となった元社員である。実は田中さんはあの激務のさなか、リストラせざるを得なかった社員の再就職先を見つけるために奔走していたのだ。

「事を起こせば必ず摩擦はある。雑音も出る。しかし、ザワザワ批判している人は事情も知らぬまま断片的な事象で無責任なコメントをしている場合が多い。うまくいったら拍手喝采《かっさい》するのもこの連中。そういう外野に右顧左眄《うこさべん》せず、確信のある事は断固やれ。そして必ず自分が火の粉をかぶれ」田中さんの教えである。いざとなったら自分の火事場の馬鹿力を信じるに限る。人間、火の粉をかぶれば腹が据わるものである。

人を導くとは⑥

「断つ、捨てる」を究めよ

「刻苦勉励」「一所懸命」は、日本の精神風土である。朝から晩までまじめに働けば、結果はおのずとついてくる。それを信じてコツコツがんばることが美徳とされた。事実、高度経済成長期は、1時間でも多く働けば結果が出るというような幸せな時代であった。

もうそんな時代は終わったと多くの日本人は理解しているだろう。ところが組織全体では、なかなかそれが共有できていない。未《いま》だに毎日定時退社をすると「やる気がない」と言われ、育休を取ろうとする男性社員を「仕事より家庭を優先している」と批判する。そうやってお互いに古臭いレッテルを貼り合い、長時間残業で労働生産性を下げる要因になっている。日本の上司たちは、何をしているのだろうか？

管理職が気にするべきは、部下の退社時間ではなく、部下に結果を出させることである。長時間働く部下を見て「がんばっているな」と褒めるのは早計である。長時間労働は、ムダの温床なのだ。仕事は、その組織にとって必要なことだけをやればいいのである。不必要なことをやるのは悪である。

私がこのことを痛切に感じたのは、東レグループの中の赤字事業の再建に取り組んだときだった。赤字の事業を黒字にするやり方にはセオリーがある。ムダを排除するのである。その第一が「人」だった。赤字事業から人を削って別の部署に異動させる。だいたい3分の1から半分を削っても、それでその組織や事業が立ち行かなくなることはまずない。ということは、それだけムダがあったということである。

その組織にいた人たちが、まじめに仕事をしていなかったわけではない。ムダな仕事の仕方をしていた、あるいはさせられていたのである。

人間とは不思議なもので、1日8時間の労働時間があれば8時間分の仕事を見つけて行う。これがもし16時間あったとしても、それだけの仕事は見つかるものである。仕事はいくらでも作れるということだ。これは不合理な仕事の仕方であり、大切なことは価値の低い仕事を切り捨てることである。

タイムマネジメントとは、時間を管理することではなく仕事の管理である。仕事をしているとと日々新しい仕事がどんどん舞い込む。だから古くて価値の低い仕事は、その都度捨てていかなければならない。

常に今何が熱いのか、火急の案件なのかを見極めて順位を入れ替え、部下にゴールへの最短ルートを走らせるのが上司の仕事である。部下が結果を出せないのは、上司が部下の適切な目標管理をしていないためであることが多い。多くの管理職は、部下がどれだけ仕事を抱えていて、どの作業にどの程度の時間を費やしているかを把握していないのである。

マネジメントとは断つこと、捨てることである。もちろんそこには合理性が求められる。ポイントは三つ。

一、計画性を持って重要度の高い仕事から順に片付けること。

二、最短ルートを見つけてすばやく進めること。

三、仕事は結果がすべてだと心得ること。

人を導くとは⑦

自ら動き、風を起こせ

部下が自分の指示に従わない。自分に対し上司としての敬意を払わない。そんな風に感じている人はいないだろうか。

部下に「自分を上司として敬うように」と命じても意味はあるまい。君の目の前ではそうしたとしても、見ていないところでは従わないいままだろう。

部下は、上司の中に見え隠れする仕事への熱い想いや、自分の欲ではなくその組織やお客さまに献身する姿に共感するのである。そしてこの人に力を貸したい、力になりたいと思ったとき、はじめて上司は本当のリーダーシップを発揮することができるのである。

一人の女性を紹介しよう。私の後輩にあたるSさんは、入社4年目のときに家庭用浄水器の販売担当になった。まだ試作段階で名前もなく、売り上げゼロからの出発だった。

その浄水器は、当初まったく売れなかった。水道の蛇口をひねればおいしい水が飲めるのが当たり前の時代だったからだ。全国の百貨店や問屋に扱ってもらえるよう売り込んで回っても、門前払い。チラシ3000枚を団地にポスティングしたこともあったそうだが、成果は得られなかった。

不遇の時期を過ごしていた彼女にチャンスが訪れたのは数年後のことだ。あるアメリカ企業が、日本製の家庭用浄水器を発注するための市場調査に来日するという情報を得た彼女は、各社が受注合戦を繰り広げるなか、相手企業幹部に接触すべく宿泊先のホテルを夜討ち朝駆けした。そして、ようやく取り付けた朝食ミーティングの場で大量受注を獲得することに成功した。

取ったはいいが、実はその注文に対応するだけの生産体制がなかった。なんとしても短期間に生産ラインを増設する必要がある。工場の説得、人員と予算の確保……。やるべきことは山積していた。しかしSさんは決して電話一本で済ますようなことはせず、何度も工場に出向いて説明と説得を重ね、協力を取り付けたのである。

そしていよいよ納期が迫ると、生産の人手不足を補うために、他の営業マンを引き連れ自らも生産ラインに入って手伝った。フル稼働の工場現場では皆疲労困憊《こんぱい》だったが、Sさんの姿勢に一気に士気が上がった。工場長は涙を流して喜んだと聞いている。そして、見事納期に間に合わせたのである。

東レの浄水器といえば、「トレビーノ」。あのメガヒット商品は、入社4年目の女性営業マンの熱意が育てたのである。

この快挙の原動力となったのは、「なんとしてもトレビーノを成功させたい」という彼女の一途《いちず》な想いと行動だった。その姿が周りの人たちの共感を呼び、「力になりたい」「協力したい」という気持ちと熱意を引き出したのだ。

人を動かすのに圧力は無用である。いや、そもそも「人を動かそう」という発想自体が、リーダーシップの本質から外れているのである。

大切なのは、己のなかに「自分の志をなんとしても実現したい」という強い想いがあるかどうか。そして辛《つら》くても、苦しくても、その想いを遂げるために自らを鼓舞し続けることができるかどうかなのだ。

その想いが本物であれば、必ず周りは動きだす。そのとき君は人を率いる指揮官になっているのである。

第四章

活力ある職場をつくる

日々の充実をこの仲間たちと

活力ある職場をつくる①

大きな器をつくれ

今日の私があるのは入社以来、未熟だった私を育ててくれた上司や先輩たちのおかげである。おそらく私は少々変わった社員だっただろう。残業や休日出勤が当たり前の時代にできるだけ定時に帰ろうとしたり、自分が正しいと思ったことは声高に主張したものだ。ムダと思った慣行は極力止めようとした。そんな私を認め、引き立ててくれた上司の器の大きさを思うと、今でも感謝の念が湧き上がってくる。

これから日本が目指すべき社会として、男女共同参画会議が掲げた目標には、大きく次の二つのポイントがある。

「男女の人権が尊重され、尊厳を持って個人が生きることができる社会」

「男女が個性と能力を発揮することによる多様性に富んだ活力ある社会」

平たく言えば、男女の別なく組織を構成するすべてのメンバーの異なる能力や考え方を最大限に活用して、活力のある社会をつくっていこうということだ。要するに「ダイバーシティ」を実現しようということである。

言うは易く行うは難しである。なぜならその場その場に、部下たちの多様性を受け入れる器の大きなリーダーがいないことには成立しないからだ。

日本は世界的に見ても男女の雇用格差が大きい国である。経済協力開発機構（ＯＥＣＤ）が加盟34カ国の雇用情勢を分析した「雇用アウトルック２０１３」によれば、日本の男性の就業率は91・5％で加盟国中第2位である。ところが女性の就業率は69・2％で24位。そして女性の就業で近年特徴的なのは、非正規雇用の増加だ。6割を超える女性が第一子出産後に退職することが大きな要因であろう。

本気で女性を活用しようというのなら〝子どもを産んだら辞めるのが当たり前〟という風潮を改め、出産した女性個人に子育てと仕事の両立の負担を負わせないで済むような体制づくりをしなければならない。また、幼いうちは母の手で育てるべしという3歳児神話から脱却し、男性が育休を申請しづらい雰囲気を改めるなどの意識改革が男女共に必要だ。それには組織を挙げての地道な努力が求められる。

ダイバーシティを実現することの難しさは「面倒くささ」にある。性別、年齢、国籍などが違えば、考え方も違う。生活スタイルが異なれば、希望する勤務形態も異なる。多様な働き方を実現するためには制度改革が必要だ。意見の異なる人たちとの議論を避けたり、それぞれの希望にきめ細かく対応することを面倒くさがったりしていては、多様性は実現しない。

日本企業の大多数は、社長の一言で全員が一斉に動き出す組織である。「右」と言ったら右を向き、「左」と言ったら迷わず左を向く。それはスピード経営につながるが、それを続けていると、経営を間違える危険性がある。組織には、誰か一人でも「それはおかしいのではないですか」と違う意見を言える人間が常に必要なのである。

いろいろな考え方の人を受け入れられるできるだけ大きな器をつくること。その利点は二つある。一つは、多様な人材を活《い》かせる場が生まれ、組織力を底上げできること。もう一つは、批判的な視点が入ってきて、そこから新しい発想が生まれることである。

活力ある職場をつくる②

異端児が変化を起こす

周囲と違った意見を持つ人間は、日本の社会ではのけ者にされる。たいていの人は、それが怖くて言いたいことが言えない。

周囲と足並みを揃え、一丸となってまじめに働き、大事を成し遂げる。それがコインの表面だとしたら、裏面には異質の排斥や同調圧力といった悪習が潜んでいる。このような組織では、発展性が乏しく、その組織の人間が伸び伸びと働けない。

会社で不祥事が起きると、日本の社長は往々にして「知らなかった」と言う。本当は知っているのに知らないふりをしている場合もあるだろうが、案外、本当に知らないことが多いものだ。側近が社長の思いを「忖度《そんたく》」して、波風立てないように水面下で問題を処理しようとするから、そのような事態に陥るのである。水面下に潜んでいられる間はいいが、いざ表沙汰《おもてざた》になると、世間がひっくり返るほどの大事件になったりする。

トップが号令をかけたらメンバーが一斉に同じ方向に向けて走り出すチームは率いやすいしスピード感もある。しかしその号令に盲目的であったり、おかしいと思っていても言うべきことを言えない人間ばかりであれば、決してブレイクスルーは起こらない。

私が課長として営業に配属されたとき、営業についてはまったくの素人だった。しかし入ってすぐに「サプライチェーンがおかしい」と気づいた。当時は東レから大問屋、問屋を経由して小売りへという多段階の流通経路が固定化されていたが、そこには余分な在庫や物流費など多くのムダがあった。そこで東レから直接小売りに売るという体制へと作り変えるべきではないかと思いつき、自分がこの課にいる間に、この非効率な流通ルートを変革しようと決めたのである。

私の提案に対して、上司は「40年もやってきた流通ルートを簡単に変えられるはずがない」と否定した。変えられないと思っている人間に、変化を起こせるはずはない。外部からやってきた私だったから思いついた発想だったのだろう。私は、あの手この手を使いそれを実現したのである。

異端児は、メンバーが常識だと思っていることに対して「それは違うんじゃないか」

「こうしたほうがいいんじゃないか」と異論を唱える。メンバー同士に衝突が起きることもあるだろう。しかしそれこそがチームに変化を起こすチャンスなのである。

まずはリーダーである君が、率先して異端児の声に耳を貸すこと。そして、メンバーを議論に引きずり込もう。意見の異なる者たちが議論を交わす中で、チームとしての実力が鍛えられ、多様な視点からものごとを見ることができるようになる。そしてその結果、異論を唱えることが当たり前になり、チームの中にイノベーションが起こりやすくなる。

ただし誤解のないように。いかに異端であっても、たとえば時間にルーズであったり、敬語も使わず、ほかのメンバーに迷惑をかけるのであれば、そこに目を瞑《つぶ》ってはいけない。メンバーが協力し合いながら、気持ちよく仕事をしていくための最低限のルールは守らせなくてはならない。

ダイバーシティには自由と規律のバランスが大事である。異端児を活かす大きな器をつくるには、常にコインの両面を意識しなければならない。

活力ある職場をつくる③

普通の女性に活躍の場を

私の友人には、めっぽう強い女性が多い。横浜市長の林文子《はやしふみこ》さん、ベネッセにいた内永《うちなが》ゆか子《こ》さん、資生堂《しせいどう》の副社長を務めた岩田喜美枝《いわたきみえ》さん。商談に一緒に行くと部下の男性のほうが社長と間違われて「あなたは外で待ってなさい」と言われたとか、力が入りすぎて部下に「そんなに厳しくしないでください」と懇願されたとか、武勇伝には事欠かない人たちだ。しかし女性であることによる不利益を愚痴られた記憶はない。

私と同時代の女性で、名を揚げて活躍している人には未婚や子どものいない人が多い。「ワーク・ライフ・バランス」などという言葉のない時代、昇進したければ男の2倍働かないといけなかった。男以上に優秀で、女としての幸せはさっさと諦《あきら》め、愚痴る暇があれば働く、元来男勝りな人たちなのである。

むしろ悩みが多いのは、普通の女性だ。普通の男性と同じくらいに仕事ができ、人並みに強くもあり弱くもある。仕事の面白さを実感しつつも、結婚し、子育ても楽しみたいと願う。そんな女性たちが課長や部長になっていくときが辛《つら》いのだ。

私はかつて、妻の病気をきっかけに家事育児をせざるを得なくなった時期がある。当時私は課長になったばかり。家には、私の帰りを待つ年子の子どもが3人いたが、一人は自閉症だった。突然毎日18時退社を余儀なくされた私は、家庭の事情を部下に話さざるを得なかったが、ありのままを話すと部下はみんな理解を示し、さまざまな面で協力してくれた。私は残業をしなくても成果を上げられる生産性の高い仕事の仕方を徹底して追求し、部下たちもそれにしっかりと応《こた》えてくれた。

私にそれができたのは、私が男性だったからだろう。もし私が女性だったら私は会社から肩を叩《たた》かれ、課長を辞していたかもしれない。部下はあれほどの協力をしてくれなかったかもしれない。普通の女性なら、会社を辞めるしか選択肢はなかったのではないか。

私の課長時代に比べれば、今は共働きの夫婦が増えた。大企業を中心に育児休暇やフレックス・タイム、短時間労働といった子育て支援制度も整備されつつあり、出産や育児を理由に会社を辞めなくていい女性は徐々にだが増えている。しかし、それでも出産・育児の過程で退社する女性は6割を超える。育児が一段落してから再び働き始める女性もいるが、そのときには非正規社員としての採用が多く、昇進は諦めざるを得ないのが実情である。
最大の課題は、「男女関係なくキャリアアップし続けることができるかどうか」である。こういうことを解決しない限り、本当の意味で女性を活かすことは難しいだろう。

海外では、残業は例外的な働き方である。転勤についても本人の意思が尊重されるし、自分の仕事の範囲がしっかりしているから、女性だからと業務以外の雑用を頼まれたりすることもない。日本はチームプレーを旨とするから、個人プレーは評価されにくい。いくら勤務時間内に120％の仕事を完了させようとも、早く帰る社員に対する上司の評価は厳しい。勤務時間内にきっちり仕事をこなす社員を評価する上司が増えれば、職場には緊張感が生まれるはずだ。それによって組織全体の生産性が向上し、より多くの人が働きやすい環境になる。これからの上司には、そのような職場づくりを目指してもらいたいのである。

活力ある職場をつくる④

部下の心を開かせよ

もし、何度注意しても態度が改まらない部下がいたとしたら、それは彼が君の言葉を受け入れていない証拠である。

部下に受け入れられない上司の率いるチームが、十分な成果を上げられるはずもない。その部下を責める前に、なぜ彼がそのような態度を取るのか、上司である自分の胸に手を当てて考えてみる必要がある。

私は33歳のとき、経営破綻《はたん》をした中堅の繊維商社の経営再建支援のために出向した。東レから送り込まれた人材は12人、私は最年少だった。

約3年半、私は文字どおり全力で経営再建に取り組んだ。この経験は、私に実に多くのことを学ばせてくれた。その中でも特に大きかったのが、「自分一人が結果を出すことを目的にしていたら、周りの人は動いてくれない」ということである。周りの人に役立つことを一番の目的にすれば、彼らは動いてくれる。結果として自分の成果も出せるのである。

東レから送り込まれた出向者の中には、「ここで成果を上げて東レで出世しよう」という思いのほうが先に立っている人が少なからずいた。その会社の社員たちは、ちょっとした言動からそのことを鋭く見抜いていた。そしてそういう出向者には決して心を開かず、面従腹背で仕事をしていた。これではその人の仕事に成果はついてこない。

私のやり方は、まず社員が会社に対してどのような不満や不安を抱いているか、会社のどんな部分に問題を感じているか、本音を引き出していく。その上で会社のあらゆるセクションの問題点を整理し、改善策を立てて実行していくというものであった。

私は、彼らと同じ目線を心がけ、上から指示を出すのではなく、社員と一緒になって考え取り組んでいくという姿勢を大切にした。その過程で、私には社員が置かれている厳しさ、辛さが痛いほど伝わってきたものだ。当初社員たちは、私が信頼に足る人物かどうか半信半疑なようだったが、私が彼らの不安や不満に耳を傾け、デリケートな部分の話については情報の取り扱いに細心の注意を払っていることがわかると、やがて何でも話をしてくれるようになっていった。

彼らと話をするためには、昼間の時間だけでは足りず、夜一緒に飲みに行くこともあったが、彼らは賃金カットをされているうえにボーナスもほとんど出ない。飲み代については、私が自腹で払うようにした。

私が東レに戻ることになったときに開いてくれた送別会のことは忘れない。会社の全管理職が集まり、二次会のあと、金沢一の繁華街である香林坊《こうりんぼう》の交差点で、私を胴上げしてくれたのである。

信頼は一朝一夕では生まれない。上司である君が、部下の成長や幸せのために本気で指導に当たらなければ、部下が心を開き、味方になってくれることはない。

君は、その部下のことをどれだけ理解しているだろうか。まずは一度、彼の話をゆっくり聞く時間をつくることだ。できれば別室で、二人だけで話せる機会をつくろう。時間は少なくとも1時間は取ること。あくまで聞き役としてムリに答えを引き出そうとせずにのんびり向き合うこと。まずはそこから始めることだ。

活力ある職場をつくる⑤

悪口の根っこを捕まえよ

酒を飲みながら上司の悪口を言うのは、サラリーマンの楽しみである。君にも、上司の悪口を言って憂さを晴らした経験はあるだろう。

どんなに優れた上司でも、部下から愛情半分、愚痴半分の悪口を言われることはある。たとえば私の同僚は部下から陰で「パロマ」と呼ばれていた。怒るとすぐに火がつくからだが、本人もそうと知りながら、それを楽しんでいた。

自分に対する部下の悪口が耳に入ってきたとしても、基本的には聞き流すに限る。かつて自分が部下だったときに上司に対してやっていたことを、今度は部下が自分に対してやっているだけのことである。

ただし「基本的には」と言ったのは、聞き流してはいけないときもあるからだ。

部下の自分への悪口が耳に入ったとき、注意しなくてはならないことは、部下の奥底にある気持ちである。部下の悪口が愛情半分ではなく、本心から自分に対して不信感を抱いていると感じたら、なぜそうなったのかをよく考えてみる必要がある。

日ごろの自分の言動が、部下の不信感を招いているのではないか。あるいは、部下を叱ったり注意したりしたときに、その真意がうまく相手に伝わらずにすれ違いが生じているのかもしれない。

「悪口を言った」「言わない」という表層的な部分にこだわるのではなく、その根っこがどこにあるのかに注意を向けてみよう。部下が自分に不信感を抱いていることが悪口の要因だったら、すれ違いや誤解をできるだけ早く修復することである。

一番大切なのは、部下が自分に対して感じていることがある時に、「それはどういうことなのですか？」と、すぐに口に出せる関係を作っておくことである。そのためには、日ごろから二人で話す場面をつくり、部下の話に耳を傾けることだ。「聞く」が8割、「話す」は2割。すぐに否定したり、意見したりしてはいけない。悪口の原因を聞き出すまでは、極力黙っていることだ。部下も君に話している間に自分自身の思い込みに気付いたり、別段大したことではなかったと思い至ることもあるだろう。

お互いにすぐ話せる関係を作っておけば、不信感の芽をあらかじめ摘むことができるし、部下もことさら同僚たちに上司の悪口を言ったりしないものだ。

あとは酒の席でいくら部下が自分の悪口を言おうが、それほど気にする必要はない。部下にとって最高のストレス解消法を奪う野暮はしないことだ。

活力ある職場をつくる⑥

組織の壁は取り払え

誰だって、うまくいかないことがあれば「自分のせいじゃない」と言い訳をしたくなるものである。メーカーの製造部門と営業部門が往々にして犬猿の仲であるのも、こういった自己防衛の表れである。

製造部門にしてみれば、「また営業がムリな注文を取ってきた。客の都合ばかり優先させて困ったものだ」と思う。

営業部門にしてみれば、「また自己満足で高いものを作って。もっとコストを下げればいいのに、売りにくくて仕方ない」と思うのである。

しかし、それでは「自分は仕事をしていません」と宣言しているに等しい。そんな状態では会社としての業績は上がらず、効率化も進まない。仕事の好循環を生み出す両輪は、「コミュニケーション」と「信頼関係」である。お互いに営業の問題は製造の問題であり、製造の問題は営業の問題でもあるという認識を持ち、相手が仕事をしやすいようにしなくてはいけない。

君が製造部門を率いているのなら、部下にはこう伝えよう。「製造の仕事は営業が商品を売りやすくすることである。コストを抑え、最高品質のものを作ろう。納期はかならず守ってみせるぞ！」と。

君が営業部門を率いているのなら、こう伝えよう。「営業の仕事は製造部門が喜んで商品を作るようにすることである。君たちの作った商品の良さは、自分たちが一番理解している。バンバン売るから、さらにいいものを作ってくれと伝えよう」と。

部門を越えて通じ合える共通語は「利益」だ。製造部門は少しでも製造コストを下げたいし、営業部門は少しでも多く売りたいものである。仮に営業が聞いてきた客の希望で製造コストが10円上がったとしても、それが30円で売れれば利益が出る。その結果売り上げが伸びて需要が増えれば、製造コストは下がってくるだろう。お互いにプラスになるのである。

上司である君が、相手の部門と一致団結して仕事を進めていこうという姿勢を示せば、かならず相互の関係は変化していくはずである。

良い職場は、縦割り主義に陥らず、互いに会社全体の利益に貢献できるＷｉｎ－Ｗｉｎの関係が成立しているものである。そこでは縦横無尽に張り巡らせたネットワークの中を、よい風が吹き抜けるだろう。両方の責任者同士がどちらもコミュニケーションと信頼関係を作り上げていけばそれは可能であろう。

活力ある職場をつくる⑦

心の垣根を取り除く

人間誰でも、何がしかの悩みを抱えている。だからこそ、自分の抱えている問題を平然と受け止めて、当たり前のように処している人には共感するものである。

私が課長のころは、春と秋の年に2度、部下一人ひとりと大体2時間くらい面接の時間を取るようにしていた。仕事のことだけではなく、プライベートなこともじっくりと聞いたものだ。

そのとき、私は妻の病気や長男の自閉症のことなど、家庭の事情も話した。するとみな、驚いた顔をしながらも、「そうなんですか、実は自分の父も持病がありまして」とか、「隣の課のAさんのお子さんはダウン症だそうです」などと話してくれたものだ。自分の恋愛の悩みを相談してきた部下もいる。

私が自分の悩みをさらけ出すことで、部下は自分や周りの人の抱えている悩みなども話しやすくなったようである。

また部下はみな、私の定時退社に快く協力してくれた。業務報告や相談事は前もって伝えてくれたし、突然妻の病院から連絡が入れば、すぐに仕事をフォローしてくれた。帰り道のついでに買い物を頼んだこともある。

家のことは祖父母や義理の姉にも頼んだが、一番頼りになったのは近所の奥さんだった。役所に住民票など書類を取りに行ってもらったり、子どもの迎えを頼んだり。人の優しさにどれほど救われたことだろう。

東日本大震災のとき、全国から大勢のボランティアが駆けつけ、多額の寄付金が集まった。あれほどの善意が一気に寄せられた背景には、「どんな小さな好意でも受け入れて喜んでくれる」という安心感があったからだ。お金、品物、労働など自分のできる支援の形がどんなものであっても、かならず感謝されると思えたから、安心して行動を起こすことができたのだ。

人はみな、善意はあっても相手に迷惑になるかと思い、それを示すことは躊躇《ちゅうちょ》してしまう。裏を返せば、求められれば喜んで手助けしてくれる人がたくさんいるということだ。

人は、職場の人間関係が良好で、自分がその職場でしかるべき役割を果たしているという自己有用感を抱けたり、将来に対する明るい展望が描けているときには活き活きと働くものである。逆に、職場の中で孤立したり、自分の存在意義があまり感じられなければ、やる気をなくしてしまう。

孤立したメンバーがおらず、誰もが活き活きとして明るく風通し良く働けることは、もっとも有効なメンタルマネジメントなのである。

第五章

自分を変える

リーダーの資質を身につける

自分を変える①

自分が変われば、周囲も変わる

人はみな、自分のパラダイムの中で生きている。

パラダイムとは、ものごとの見方や認識の仕方のことである。コップの中に半分残っている水を見て、「もう半分しか残っていない」と思う人もいれば、「まだ半分も残っている」と思う人もいる。同じものを見ても、その感じ方は人によって違う。「半分しか残っていない」と考える人は、悲観的なパラダイムの中でものごとを見、「まだ半分ある」と考える人は、楽観的なパラダイムの中で見ていると言えるだろう。

似たようなことは、職場でも起きている。部下の短所ばかりに目が向く上司と、長所を見つけようとする上司がいたら、同じ部下でも評価は大きく変わる。どちらのリーダーの下で働く部下のほうが、より成長するかといえば、断然、後者である。

「間違った地図を手にしても目的地にたどり着けないのと同じように、間違ったパラダイムのままでは、人は成功を手に入れることはできない」と、世界的なベストセラー『7つの習慣』の著者スティーブン・R・コヴィー博士は言う。

成功するためには自分を変える必要があると感じている人は、「パラダイム・シフト」、つまりものごとを違った見方で見直してみるといいだろう。ポイントは二つある。

第一はできるだけ「公正」「誠実」「正直」に事実を捉《とら》えようと心がけることである。なぜなら「パラダイムと人格を切り離すことはできない」(コヴィー博士)からだ。どのような視点でものごとを見ようとするかが、その人の人格形成に大きく影響を及ぼすのである。

二つ目は、ものごとがうまくいかない原因を「他人のせいにしない」ことである。たとえば、君がある営業のチームリーダーだとする。一緒に働いている部下は、みなモチベーションが低く、チームの営業成績も伸び悩んでいる。こんなとき成績不振の原因を「やる気のないメンバーばかり集まっているからだ」と部下のせいにする人は多い。

このように、ものごとがうまくいかない原因を外部のせいにする考え方を「アウトサイド・イン」という。「あの人が○○をしてくれないから、自分は幸せになれない。自分が幸せになるためには、あの人に変わってもらわなくてはいけない」と外部に変化を要求することで、自分の幸福を得ようとする考え方である。

しかし、他人をこちらの思惑どおりに変えるのは不可能だ。心変わりした恋人に、もう一度自分を愛してといくら懇願しても、愛は戻らないのと同じである。

では、どうすればいいのか。「アウトサイド・イン」から「インサイド・アウト」へと、考え方を変えるのだ。他人に変化を要求するのではなく、自分を変えることで状況を改善するのである。先の営業チームであれば、部下のモチベーションが低いのは、君のリーダーシップやマネジメントに問題があるのかもしれない。君が変われば、部下のモチベーションも上がる可能性は十分にある。

「自分自身に対する認識を変えれば、人間は変わる」と心理学者のアブラハム・マズローは言っている。「悲観主義は気分のものであり、楽観主義は意志のものである」と言ったのは哲学者アラン。「愛されることよりは、愛することを求める心をお与えください」はマザー・テレサの言葉である。優れた先人たちも同じように、意識的に自分を変え、自分を変えることで社会に大きな功績を遺《のこ》してきたのだ。

自分を変える②

原理原則にこだわれ

仕事は面白い。ビジネスとは、予測のゲームである。現状を正しく把握し、将来に何が起こるかを見極め、戦略を立てて、実行する。これらが見事にはまり、ゲームに勝ったときの痛快さといったらない。

しかし、このゲームにのめり込むあまり、人としての優しさや真摯《しんし》さを置き去りにしてしまってはいけない。他者を切り捨て、傷つけて手にする勝利は、今の君を有利にはしてくれても、長い目で見れば決して君を成功させてはくれないだろう。そのような人をないがしろにする者と一生付き合っていきたいと誰が思うだろうか。「ああ、この人と出会えてよかった」と誰が心から思えるだろうか。たとえ勝者としてゴールできたとしても、それは人影もまばらな寂しいゴールであろう。

前項で、私は「パラダイムと人格を切り離すことはできない」と書いた。人はみな、自分なりの視点でものごとを捉えている。しかも、よほど気を付けなければ、自分に都合のいい捉え方をしてしまう。それは「間違った地図」なのである。だからこそ、「公正」「誠実」「正直」といった尺度を持ち、それに従って行動しようと努力することが大切なのだ。

人として大切な原則は、幼い頃にすべて教わっている。「人に会ったら挨拶《あいさつ》をしなさい」「助けてもらったらお礼を言いなさい」「仲間はずれや弱いものいじめはいけません」「嘘をついてはいけません」。どれも当たり前のことだが、実践するのは難しい。理性ではいけないことだと分かっていても、自分より遅れている人を見るとバカにしてしまう。自分を良く見せたいがために、つい嘘をついてしまう。ビジネスの世界でたびたび起こる食品偽装や粉飾決算は、利益を最優先し、公正さや正直さをないがしろにしてきた人々が起こしたことである。

こうしたことを防ぐためには、「より良く生きたい」という思いを強く持つ以外にない。これから先の仕事人生を、どのように働き、どのように生きるのかを選ぶのは君である。

時には異なる二つの原則が並び立たないこともあるだろう。孔子《こうし》の『論語』によいたとえがあるので紹介しよう。

父親が羊を盗んだ。それを知った息子が我が父の罪を訴え出た。王はその息子を、これこそ正直者の取るべき行動と褒め称《たた》えた。しかし孔子は言う。子に悪い点があれば父が匿《かく》してやり、父に悪い点があれば子が匿してやる。それこそが正直者の取るべき行動ではないか。なぜなら、肉親を思う、その思いに対して正直なのだからと。

どちらのケースでも、息子は「正直」という原則を大切にしていることに変わりはない。けれども下した判断は正反対である。「親を大切にする」という原則と、「不正を認めてはいけない」「嘘をついてはいけない」という原則のどちらを優先させるかの違いなのだ。

君ならどちらを選び、どちらを捨てるだろうか。大切なのは、迷いなくその理由を説明できる正しい判断基準を、自分自身の中に持っているか否かである。

自分を変える③

過大評価も
過小評価も避ける

他人のことは「仕事ができない」と決めつけ、自分は「仕事ができる」と思い込む。これは未熟なビジネスマンの典型である。正しく自分と他人の評価ができていないのである。

ロッキード裁判で検事を務めた堀田力《ほったつとむ》が、次のように言っている。

「普通の人間は、自分の能力に関しては40％のインフレで考え、他人の能力に関しては40％のデフレで考えている」

このことは、よくよく肝に銘じるべきである。

なぜ私たちは自分のことを過大評価してしまうのか。それは、ものごとがうまくいかなかったときに、自分のことはいくらでも言い訳を思いつくからである。他人はどのような事情があったのか分からないから、結果だけを見て判断する。だから評価が厳しくなるのである。だが自分の仕事に甘い人間に、いい仕事は期待できない。

自分に自信がない人間は、他人がすごくできるように見えて物怖《ものお》じしたり、人からの批判に過敏であったりする。そのような自分に自信のない人間にも、いい仕事はできない。

過大評価も過小評価も、どちらも自分の利益にはならない。過大評価は驕《おご》りにつながり、過小評価は卑下につながる。どちらの意識も、正しい判断を狂わせて、本当の意味での成功から人を遠ざけるものである。

では、どうしたら自分や他人に対して正当な評価ができるようになるのだろうか。

間違った評価は、考え方の悪い習慣から引き起こされる。まずはそういった自分の悪い習慣に気づくことが大事だ。それに気づいたら、あとはそれを修正する訓練を積むしかない。インフレにせよデフレにせよ、40％を20％へと是正していくことを繰り返しやり続けることである。

なんといっても大切なことは謙虚であろうとすることだ。自分の能力を周囲にアピールすることに躍起になっている人が多いなかで、謙虚な姿勢で生きている人は信頼され、尊敬を集める。常に己の評価に謙虚であることで、人は成長し続けることができるのである。

自分を変える④

目標を見つけ、教えを乞いに行け

私が初めて営業を担当したのは、40代になってからであった。いきなり課長という立場での着任。部下たちから「営業をやったこともない素人が課長だなんて」とバカにされるのは目に見えていた。

そこで私は、当時東レで〝営業の神様〟と呼ばれていたトップ営業マン5人に「営業とはどのようなものか教えてください」と面談をお願いした。それぞれ多忙な人たちだったが、全員が快く時間を作り、私に営業の極意を語ってくれた。

ある人は、細かいメモまで書いて渡してくれた。そこには営業のエッセンスが説得力に満ちた言葉で綴《つづ》られていた。自身が苦労しながら培ってきた、いわば努力の結晶を、そんなにたやすく他人に渡してくれるものだろうかと思うかもしれない。しかし人は自分が評価され、教えを乞《こ》われれば嫌な気持ちはしない。喜んで話してくれるものである。

5人の営業の神様が語ったことは、表現こそ違えども、共通することが多かった。「お客さまとの約束は守りなさい」「クレームが発生したら、直ちに連絡すること」「お客さまとの時間は厳守」「お客さまに嘘はつかないこと」……いずれも原理原則であった。その道の専門家の話を直接聞くことで、私は、着任早々に営業の極意を手に入れることができたのである。

その後も私は、トラブルが起きればすぐ彼らに相談しに行った。彼らはその度にきちんと教えてくれたものだ。私には優れたメンターが5人もいたということだ。

人間が一人で考えられることなど、たかがしれている。限られた時間の中で最大限の成果を出そうと思えば、先輩の優れた技を引き継ぐのが最良の方法である。

「プアなイノベーションより、優れたイミテーション」のほうが、成長の近道である。


仕事を学ぶ一番の教科書は、いつだって君のすぐ近くにある。研修に行ったり、本を読んだりすることも大切だが、実学に優《まさ》るものはない。自分が扱う商品をたくさん売ろうと思えば、それを買ってくれるお客さまを研究しなければならない。お客さまを良く知っている人は、自分の上司であり、得意先の担当者やその上司である。

自分の上司がそれほど頼りにならないと思うなら、他の部署の仕事のできる先輩でもいい。自分の周囲の人たちから学べるというのは、生きていくうえで大事な資質である。

あの人はすごいな、見習わなければならないなという謙虚な気持ちを持ち、他者の優れた長所を見つけて、そこから学ぼうとする姿勢こそが君を育ててくれるだろう。

よく目をこらして見渡してごらんなさい。そういう人物は必ず君の側にいるものだ。

自分を変える⑤

壁にぶつかったら、本物を見に行け

山形県の湯殿山《ゆどのさん》で、即身仏を見たことがある。

即身仏とは、己を捨てて世に尽くし、修行を積み重ねてきた僧侶《そうりょ》が、山に籠《こ》もってさらに修行を重ね、穀物を断って木の実や草の根を食べて命をつなぎ、最後は土の中に石室を築いて入り、衆生救済を祈りながら座禅をしつつ死を迎えたものである。日本には24体の即身仏が現存し、そのうちの6体が山形県の庄内《しょうない》地方にある。

その即身仏の姿は強く心を揺さぶられるものであった。修行を重ねた高僧が世の安寧を一心に祈りながら亡くなっていった壮絶さがひしひしと伝わってきた。

これは私にとって衝撃的な体験であった。自分の人間としての小ささを実感できたからである。私がいくらお客さまのため、部下のためを思って働いたとしても、即身仏になった僧侶には遠く及ばない。私が目指すべきものは、まだはるか先にあると感じられた。

また、世の中には自分という存在をはるかに超えたものがあると知ったことも大きな刺激となった。人知を超えた存在にひたすら祈り、最後は命を落とした僧侶は、即身仏となって圧倒的な存在感を放っていた。自分の力だけで何でもできると思ってはいけない。何かを成し遂げられたとしても、それは自分の力だけによるものではないと思えたのである。このような体験ができるから、本物を見に行くということがとても大切なのである。

人は本物を見るたびに、感動するとともに自分の存在の小ささを認識し、謙虚さを学ぶ。そして壁にぶつかって悩んでいたその悩みを、小さなこととして客観的に見ることができるのである。

私に即身仏の存在を教えてくれたのは、以前私が仕えていた東レの元社長・前田《まえだ》勝之《かつの》助《すけ》さんである。社長には、それまでの人生の中で出会った三つの偉大なものがあった。エジプトのルクソール神殿、ネパールのヒマラヤ山脈、そして山形の即身仏。ルクソールは人間がつくった偉大な建造物、ヒマラヤは自然の偉大な造形、即身仏は他者のために命を捧《ささ》げた偉大なる人間だ。

社長は、私が取締役になる直前にこの話をしてくれた。お前も人のために尽くせよと言いたかったのだろう。

それ以来、たとえば私は海外出張の機会があると、可能な限り1日だけプライベートの時間をつくって、現地の遺跡や寺院などに触れる機会を設けるようにした。

人によってはそうした行動を嫌う人もいるだろうが、それは違う。本物を見ておくことは、今の君にはそれほどプラスにはならないけれど、君の人格形成の上で大いなる経験になるだろう。

今日の仕事に追われて本物を見ることをおろそかにしている人と、本物を見ることを大切にしている人とでは、やがて人としての深みの形成に大きな差が生まれると思う。

自分を変える⑥

多読に落とし穴あり

多読家に仕事の出来る人は少ない。なぜかといえば、読んで満足してしまい、自分の血肉にしない人が多いからである。大切なことは、読んだ本の数ではなく、読んだ本をどれだけ自分の生き方に結びつけられたかということである。

少年時代、母の勧めで名作文学をずいぶんと読んだものだ。しかし、今振り返るとそれらはその後の自分の人生にはほとんど役に立っていない。トルストイの『戦争と平和』や夏目《なつめ》漱石《そうせき》の『草枕』が、幼い中学生に理解できるわけがないのだ。

それでも私という人間は、これまで読んできた本をある意味コピーして出来上がっていると言ってもいい。私の手帳には、たとえば『論語』の章句がいくつも書いてある。『論語』以外にも感銘を受けた本は読み返し、重要なポイントをノートや手帳に書き出す。読んだだけでは身につかないので、なるべく書くのだ。そしてことある毎にそれを引っ張り出しては、繰り返し読むようにしている。それは自分にとって大切なこの教えを、何とか自分のものにしたいと思うからだ。

私が読んだ本の数は少なくないが、学んだ本の数はそれほど多くはない。要は自分のレベルに合っていて、なおかつ自分を成長させてくれる本を、よく吟味して読むことである。

一冊の本を丁寧に読み込み、そこから学べることをしっかり学び取るのが精読である。私が精読の範とするのは、西郷隆盛《さいごうたかもり》。名君・島津斉彬《しまづなりあきら》に見出《みいだ》され、藩の改革などを指揮してその実力を発揮したものの、斉彬亡き後の久光《ひさみつ》に疎んぜられ、32歳から37歳まで奄美大島《あまみおおしま》、沖永良部島《おきのえらぶじま》に流刑となった。

この不遇の時期に、西郷は、ひたすら『言志四録』を読みふけった。この書物は江戸《えど》時代の天才朱子学者・佐藤一斎《さとういっさい》の哲学、思想、人生観を著した千百三十三条からなる言行録だが、西郷はそのうち百一条を選び出し『手抄言志録』として常に手元に置き、島流しの5年間、繰り返し何百回も読んで、それを自らの体の中に叩《たた》き込んだのである。

西郷が選んだ百一条には、「道を行い聖賢たらん」とする意志が満ちあふれている。そのためには心を無にして先入観を捨て、『論語』や『孟子』のような聖賢の書を誠意を持って読み、彼らの考え方や行動ができるように何度も試みることが大切だと説く。

人間は訓練で己を高めようと思えば、どこまでも大きく高くなれるし、小さくなろうとすればどこまでも小さくなると考え、それを自ら証明したのである。

人は、知識を得ただけでは成長しない。私の本を読んだり、研修を受けた人はみな「とてもためになった」「有意義だった」と言ってくれるが、多くの人はそう言って終わりである。話を聞いただけで満足してしまい、実行しないのである。この本とて同じこと。自分の日常に落とし込んで実践しない限り、残念ながら何の役にも立たないだろう。

とにかく、学んだことをできるだけ実行してみることだ。「先人の言っていることはなるほど、こういうことだったのか」と、深い感慨をもって理解できるようになるはずである。

自分を変える⑦

得手を伸ばせ

自立への第一歩は、自分に足りないものに気づいたときに始まる。
自立した人間とは、自分がどういう人間であるのか、どういう生き方をしたいのかが分かっている人である。だから足りないものが分かる。そしてそれを学び、磨かなくてはいけないと思うから、努力できるのである。

しかし、努力の仕方にも良し悪しがある。人には得手不得手というものがあって、他人が易々とやっていることがどんなにがんばっても自分には出来ない、そんな領域がある。

自慢ではないが、私は機械とか電気が大の苦手で、小学校の工作の時間には、私だけが終わらず最後まで残されるのが常であった。いまもパソコンやテレビの調子が悪いと、どうしたらいいか分からない。しかし私は、とっくの昔にそれをやらないことにしている。そういうことが得意な人がいるのだから、その人の力を借りることにしているのだ。

特に職場はチームプレーが基本。不得手なことは得意な人にまかせて、自分が得意な領域を重点的に伸ばせばいい。自分が学習しても時間ばかりかかって成果が上がらないことは、さっさと諦《あきら》める。

しかし、それが難しい。つい無いものねだりをしたくなる。特に失点主義の会社の場合、穴を見せたくないがために、強みを伸ばすことよりも苦手を直そうとがんばろうとする。数字が苦手なのに簿記の講座に通うなど、努力の方向性を誤ってしまう人は少なくない。


他人がどうだろうと、会社がどのような評価をしようと、「自分はこれで行く」というものを持つべきである。NHK朝ドラで大人気を博した『マッサン』は、世渡りが下手な不器用な男の物語である。主人公の亀山政春《かめやままさはる》はウイスキーへの情熱は誰にも負けないが、経営者として優れた資質を持っていたわけではない。ただ愚直にものづくりに命を賭《か》け、苦労は多いが幸運にも恵まれ、結果として納得できる人生を送ったのだ。

マッサンの優れたところは、愚直であるがゆえにぶれなかったことであろう。「これが俺の人生だ」と思い定めた、それが主体性であり、自立である。

本当の意味でのオールラウンドプレーヤーはいない。すべてを自分一人でやることが自立なのではない。

自分がどういう人間で、どういう生き方をしたいのか、そのために足りないものが何なのかを考えることだ。そして人の力を借りられる人間になりなさい。

人の力を借りたなら、自分の力で恩を返す。それが自立した人間同士の関わり方である。

第六章

部下を育てる

上司の最重要課題と心得よ

部下を育てる①

部下は己の分身

部下とは、リーダーの指揮のもとに行動する「手下」「駒」だと言う人がいる。「あの部下は使えない」などと言う人には、こういう考えの人が多い。部下を会社から配られる手札と勘違いし、使えないと思ったらさっさと見捨てるだろう。このタイプは往々にして自分の功のことしか考えていないものである。

私が考える部下とは自分の組織を共に支える「同志」である。

また、部下は会社から与えられたものだが、その能力や経験の未熟さを君が指導しなければならない「生徒」でもある。

与えられた戦力を最大限引き上げるのが上司の仕事だ。教師が生徒を一人ひとりのレベルに合わせて教え、導き、社会へと送り出すように、上司は部下を一人前のビジネスマンに育て上げなければならない。好き嫌いや、出来不出来でふるいにかけたりせず、仕事の遅い人、要領の悪い人にこそ粘り強く時間を割いて、全員を成長させなければならない。そうすることによって、チーム全体の力がアップするのである。「生徒」であった部下は、やがて「同志」になるだろう。

部下とは今後組織の戦力になっていく予備軍、「金の卵」である。組織を支え、会社を発展させていくという未来を期待されて入ってきた人材だ。目の前にいる部下は磨けば光る逸材かもしれない。そういう部下を一人でも多く戦力化することが君の重要な仕事である。

部下とは、自分が成長するための「教師」でもある。人を育てようとすれば、おのずと自分の仕事の内容や処理方法を振り返り、見つめ直す必要に迫られる。部下と普段からよくコミュニケーションを取ってその人となりを知っておく必要がある。こうしたことを通じて君が真摯《しんし》に応《こた》えていく中で、部下との信頼関係も築いていける。

そうやってお互いの理解が進み、組織を預かる人間としての幅が広がっていく。つまり部下を育てるということは、自分の成長にもつながるのである。

部下の教育は、未来への投資だ。その投資はいずれ自分に還《かえ》ってくる。部下とは「己の分身」なのだ。「あの部下は使えない」と言うことは、自分の無能さを自ら公言しているに等しい。

部下を育てる②

良い習慣は才能を超える

人の教育は会社でやるべきものであると心得よう。昨今は学校でも家庭でも人間としての基本動作がしつけられていないことが多いから、新入社員が不完全なまま、会社に入ってくる。とかく耐性がなく、挨拶《あいさつ》もろくにできない。感謝の言葉も表現できない。こういう不完全な人間を会社で鍛え直すのである。社会に出た初期の段階で再教育するのだ。

社会人が最初に学ばなければならないこととは何か。それは極めて単純なことである。人間として正しいことをすることだ。およそ人が生きていく上で大切なことは難しいことではなく、ごく単純な「原理原則」を行うことである。では、原理原則とは何か。それは前述したように本来なら家庭でしつけられるべきことと同じだ。嘘はつかないこと。約束は守ること。礼儀正しくすること。間違ったら謝ること。なぜなら仕事とは信頼の上に成り立つものだからである。

新人を教育するのは先輩の役目でもある。業務の指導はもちろん、挨拶の仕方、メールの送り方といった初歩的なビジネスマナーは、みな先輩を真似しながら覚えていくものだ。上司である君の役割は、良き手本となる部下を選び、新人教育の大切さをしっかり伝えてその任に当たらせること。メンターとしての役割は、教える側の部下の成長も促すことだろう。君はそれを見守り、必要とあれば助け舟を出してあげればよい。

私は「良い習慣は才能を超える」と考えている。もちろん基本動作をきちんとすることは大事なことだが、それに加え、仕事に向き合うときに理解していなければならない大事なことが三つある。これらを常に考え行動することを指導しなくてはならない。

一つ目は「主体性を持って仕事に当たる」こと。つまり圧倒的当事者意識を持つことである。

二つ目は自分に与えられた使命は何かを正しく自覚すること。

三つ目は与えられた仕事の中でどれが最も優先されるものか、どれが切り捨ててもいいものかを判断すること。

今いる組織においてやるべきことは何かを考え、自分の意思で行える人材を育てよう。そして、仕事において評価の対象となるのは、プロセスや努力よりも結果である。すべての努力は、結果を出すために行われなければならない。そのために、自分の使命を理解し、優先順位をつけることが大事なのである。

部下を育てる③

手をかけるべきは遅れ気味の部下

組織には、だいたい2：6：2の割合で、優秀な人間、普通の人間、出来の悪い人間がいるといわれる。言われたことができない、同じミスを繰り返す、時間を守れない。そんな部下には腹も立つというものだ。

そうした部下たちをまとめながら組織として実績を残さなくてはいけないときに、上司がやりがちなのが、優秀な二割の部下ばかりを使ってしまうことである。優秀な部下は、何ごとも呑《の》み込みが早いので、上司があまり細かく指示を出さなくてもすぐに行動し、結果をきっちり残す。それに比べ出来の悪い二割は理解力に劣り、俊敏さもないので、手間暇をかけて指導しなくてはならない。

だから上司はどうしても上位二割の部下ばかりを使って仕事を進めてしまいがちだ。彼らは重要な仕事を与えられ、さらに優秀な社員へと成長していくだろう。

しかしこのやり方では真ん中の六割や下位の二割の部下たちに、成長の機会が与えられない。これでは率いる組織の総力で考えるとむしろ効率が悪いのである。

上位二割の部下はすでにがんばっているのだから、君が手をかけても伸びるのはせいぜい5%か10%程度だろう。それに対し出来の悪い部下は、ほったらかしにされている分、手を差し伸べると20~30%は容易に伸ばせる。組織全体の成果はそれを構成する全員の和であるから、5~10%伸ばすより20~30%伸ばす方が勝る。

全体の底上げをしておけば、仮に異動などによって優秀な部下を失った場合でも、その穴埋めをチーム全体ですることができるだろう。特定の個人の能力に頼らないで済む、安定感のあるチームを作ることができるのだ。

私は普通の六割や下位二割の社員についても、彼らの成長意欲のエンジンに火をつけることは十分に可能だと考えている。

人はその仕事を通じて自分が成長を実感しているときに大きく伸びる。「自分は今、たしかに成長している」と感じると、仕事が楽しくなって夢中で取り組むようになり、正のスパイラルに入っていくのである。

大切なのは、上司が部下一人ひとりと話し合いながら、それぞれの能力に合った目標を設定することだ。部下の能力を大きく超える目標を設定してしまうと、部下は仕事に対する自信をなくし、意欲も失う。これでは成長には結びつかない。ある程度努力すればクリアできる目標を設定して、部下が自信をつけるきっかけを与えるのである。

チャンスでいつもヒットを打ってくれる4番バッターでも、守備力はそこそこだったりする。だから監督は、終盤の大事な場面では、4番に代えて守備がうまい控え選手を起用することで、勝利を確実なものにする。あるいは足の速い選手を代走として使い、チャンスを広げるような采配《さいはい》をとる。

これが一人ひとりの強みを引き出し、弱みを隠すチームづくりの極意である。

部下を育てる④

仕事はシンプルをもって秀となす

会社員を「サラリーマン」と呼ぶのが当たり前だった時代、午前中はのんびりと過ごし、昼過ぎからようやくエンジンがかかり始める人が少なからずいた。このような人は退社時間を過ぎても当然のように仕事を続け、残業後は同僚と飲みに行く、そして翌朝ボーッとして一日が始まるという調子であった。これでは残業も増えようというものだ。「サラリーマン」は給料をもらいに行く人で、「ビジネスマン」は結果を出しに行く人だという人がいる。ならば全員後者を目指すべきだろう。

長時間労働とは、「プロ意識」と「想像力」と「羞恥心《しゅうち》」の欠如を示すものである。プロは限られた時間の中で、優れた成果を出す。そのためには、事前の周到に考え抜かれた作業手順と、最短距離で仕事を完遂させる能力が求められる。成り行きに任せ、やみくもに時間をかけるのはただのアマチュアである。

長時間労働が自分の身体に及ぼす影響を考えていないとしたら、それは想像力の欠如である。早晩、身体か精神の調子を崩すかもしれない。家族や自分のためのプライベートな時間も持てない。そうしたデメリットの大きさを想像できないのだろうか。

また、自分で時間外の勤務を記入し、残業代を請求するなどということは、自ら所定の時間内では仕事ができないということを表明していることである。そんな人間は、羞恥心が欠如しているといってよい。

深夜残業が当然のＩＴ業界で、有給休暇取得率95％、残業1日1時間を実現した会社がある。２０１１年に住商《じゅうしょう》情報《じょうほう》システム（ＳＣＳ）とＣＳＫという二つのＩＴベンダーが合併して出来たＳＣＳＫである。同社は、異なるカルチャーの企業同士の合併を機にさまざまな改革を行った。その一つが徹底した残業削減であった。部署ごとに日次、週次単位で業務の優先順位を決めさせ、17時以降の会議を禁止。電話は1分以内、議事録1枚以内、会議1時間以内という「1ＢＥＳＴ運動」や、「スーパー早帰りデー」の設定、会議の時間・人数・資料をそれぞれ2分の1にする「8分の1会議改革」など、同じ仕事にかける時間と手間を減らす意識を高め、見事に成功したのだ。

大切なのは、社員一人ひとりが限られた時間の中で最大のパフォーマンスをするというトップの強い意志と、その手法を創り出しすべての職場に徹底させることである。それができれば、日々のムダは個々人の努力によって排除されていくだろう。

掛け声だけでは何も変わらない。SCSKはトップが、そして現場の上司が率先して行動し、やり方を変えていった。何といってもまずは上司である君が手本を示すべきである。仕事が発生したときには、すぐ走り出さずに優先順位をつけよう。その仕事の重要度に応じた適切な時間配分、最短コースを常に考えて指揮を執ることを意識しよう。

部下には、事務処理、管理、資料はシンプルをもって秀とすることを教えよう。複雑さは仕事を私物化させやすくし、後任者あるいは他者への伝達を困難にさせるものだ。

仕事の効率アップには、整理整頓も不可欠だ。机の上が散らかり、ホルダーの整理がされていないと、資料を探すロスの他に、見つからずに結局は一から仕事をスタートするという愚を犯すことがある。

人に与えられた時間は平等である。同じ時間を使って、何を成し遂げられるかということに、もっと敏感になるべきだ。時は金なりである。

部下を育てる⑤

悪貨は良貨を駆逐する

人間の能力にはそれほど大きな差があるわけではない。いわば、１００ｍを14秒で走るか16秒で走るか程度の差でしかないのではないか。にもかかわらず、小さな差をことさらに取り上げて、「あいつはできる、こいつはできない」と評価をつけたがるのはどうかと思う。低く評価された人のモチベーションを下げるだけである。

一般的な会社での業務に、普通の能力がある人にできないほど難しいものはほとんどない。仕事の「適切なやり方」さえ教え込めば、多少能力的に劣っていたとしても立派な戦力となりうる。人を育てられるかどうか——。それは、ひとえに上司の熱意と指導法にかかっているといっても過言ではない。

人は変わるものであると言ったのは、土光敏夫さんである。

「ひとたび、才能はコレコレ、性格はシカジカと評価してしまうと、終生それがついてまわるものである。このような発想には根本に人間不信感があるのだが、たとい不信感を与えた事実があったとしても、人間は変わりうるという信念を欠かさない点が大事だ。

人によっては、失敗や不行跡を契機として転身することもあるし、旧弊をかなぐりすてて翻然と悟ることだってある。とにかく、人間は変わるという一事を忘れてはなるまい」(『経営の行動指針——土光語録』産能大出版部《さんのうだいしゅっぱんぶ》)

ある時期に、「仕事ができない」とみなされていた人が、何かのきっかけで適切なやり方を身に付けたとたんに〝化ける〟というのはよくあることだ。上司がその可能性をつぶすようなことはあってはならない。

それに少し遅れ気味の人を育てようとするリーダーのいる職場は、おしなべて士気が高いものだ。なぜなら「このリーダーは、何があっても自分たちを見捨てない」という信頼感をメンバー全員が共有するからだ。そして、メンバー同士が競争するのではなく、お互いに支え合って職場全体で成果を勝ち取ろうという雰囲気が生まれる。部下を育てるのと同じくらい重要なことは、組織の中でシナジー効果を出すこと、組織としての成果を最大にすることなのだ。

だから上司が真っ先に手をかけなければならないのは、弱い人であり、曲がった人である。彼らはそれが習い性になっているのである。そういう習い性、いわばクセは直すことができる。自分のクセに気が付き、それが自分にとって大きなマイナスだということに気が付けば、人は直そうと努力するものだ。

しかし中にはどうやっても直らない人がいる。そのような人間は、上司である君の責任で〝外す〟べきである。なぜならその人間の存在がチーム全体の士気を下げるからだ。会社にはそういう人間でも働ける部署はある。

土光さんはこうも言っている。

「会社で働くなら知恵を出せ。知恵のない者は汗を流せ。汗も出ない者は静かに去っていけ」報いるべきは、がんばっている者たちである。悪貨は良貨を駆逐するという事態を許してはならない。

部下を育てる⑥

仏の心で鬼になれ

「部下とは真剣勝負せよ。能力より高めの目標を出して、尻を蹴り飛ばして締め上げる。その苦しまぎれのあがきの中から、部下は必ず新しい飛躍の途を発見する。そして、それが彼の成長と自信につながっていく」

これは、私が尊敬する会社の先輩、田中さんの言葉である（79ページ）。田中さんは部下を褒めるということを滅多にしない人だった。いつも叱ってばかりいた。でも彼の部下たちは田中さんから叱られると「自分もあの人から叱ってもらえた」と喜んだものだ。なぜなら、田中さんはモノになると思った人物しか叱らなかったからだ。

私が仕えた社長の前田さん（１４０ページ）は、１９８５年のプラザ合意で急激な円高が進行し、東レの繊維事業が赤字を余儀なくされた際、繊維事業の担当役員として２年で黒字化を果たした。その手腕を買われ、末席常務から14人抜きで社長に就任した人物だ。当時私は42歳の課長職で、経営企画室の担当として前田社長に仕えた。前田さんは極めつけの鬼上司だった。いつも部下を叱り飛ばしていた。酒の席でも名指しで延々と叱る。ずいぶんまずい酒を飲んだものだ。

ところが、通産省《つうさんしょう》のトップクラスと東レの役員クラスが食事をしたときのこと。お偉い方がズラリと勢揃いした場面で「この佐々木というのはなかなかできる男だよ」と褒めてくれたのである。この一言で私のモチベーションは一気に上がったものだ。

私の場合は、部下に対して褒めるのが8割、叱るのが2割で接してきた。なぜなら、それが私のやり方だからだ。私は人を見るときに、欠点よりも長所を見るようにしていたので、自然と褒めることが多くなる。褒めることと叱ることは正反対のことであるようだが、実はそういう表面的なことはあまり重要でない。部下を成長させたいという「想い」があるかどうかのほうが大事なのだ。

「心を鬼にする」という言葉があるが、上司の叱咤《しった》の背後には、部下に対する愛情と責任感がなければならない。愛情を持って叱るとき、人は心を鬼にする必要がある。叱られて喜ぶ部下はまずいないし、叱る上司だって気持ちのいいものではない。しかし、間違った部下をきちんと叱れないようでは、上司失格ともいえる。きちんと叱るということとは自分の感情で叱り飛ばしているだけのパワハラとは次元が異なる。部下の成長のためという想いがあれば、上司がどれほど厳しい言葉をかけたとしても部下は納得し、ついてくるものだ。

大切なのは、自分の中に「熱い想い」があるかどうかである。

それがあれば、周りの人には伝わるものである。

部下を育てる⑦

一番の報酬は、次の仕事

会社員にとって、もっとも重要なことの一つが人事評価だろう。厳しい納期も、辛《つら》いノルマも、嫌な上司も、突然の異動も、それが高い評価につながればこそ乗り越えられるというものだ。

管理職にとって一番関心があり、大切な業務は人事評価である。この組織では誰が優秀で誰のどんなところを評価するのか、誰にどんな可能性を与えるのか、自分の後継者を誰にするのかなど常に考えているものである。

私は東レで部長になった頃から、トップの人事を予測することにしていた。次の役員には誰がなるのか。入社年度、出身校、仕事の経歴などをチェックして、来年はおそらくこの人とこの人が役員になると予測していた。

ところが最初はこの予測がよく外れた。なぜあんな人が？　という人物が、役員になっていくのである。よく調べると、たとえば仕事はあまり早くないが真摯な人だったか、部下を使って組織として成果を出すことに長《た》けているとか、社長と以前の職場が一緒で盟友だったなど、それなりの理由が見つかるのである。人が人を評価するのだから、どんな人事にも、かならずそれなりの理由があるということだ。

そういった予測を何年も繰り返すうちに、私の予測はだんだん当たるようになっていった。そしていつしか役員改選の時期になると、みなが私のところに「次は誰がなるの？」と聞きにくるほどになった。

会社員が仕事をしていく上で、給料や賞与などより昇進の方がはるかに強い力を持っている。君ならお金と生きがい、どちらが欲しいと思うだろうか？　会社員が得られる報酬には限度がある。どんなにがんばっても、その差など知れたものだ。しかし、生きがいは大きい。どんなに困難な仕事でも、やりがいを感じられれば大きな喜びとなるのだ。それが会社への貢献につながる。そこには会社と会社員のＷｉｎ－Ｗｉｎの関係がある。

だから人事評価をお金に反映させるのではなく、仕事で報いるべきなのだ。自分は同期でトップの昇進だとか、やりがいのあるプロジェクトのメンバーに入れてもらったということがなによりのインセンティブになるのである。

私は東レでは2〜3年おきに異動をさせられていた。それはそれで大変なことだったが、その異動は自分の評価が高いゆえの人事だとわかっていたので、常に充実感があり、納得感もあったのだ。

仕事への報酬は仕事で報いる。それが会社にとっても自分にとっても、部下にとっても賢明な選択である。

第七章

上司が未来をつくる

後悔しない選択のメソッド

上司が未来をつくる①

人を幸せにするビジョンを描け

君なら、どんな上司について行きたいと思うだろうか。

未来に期待を持たせてくれる上司、この人と一緒にいたら面白いことができそうだと思わせる上司、苦労を共にするならこの人と思える上司……。君はそんな素敵な上司に出会えただろうか。

もし、成果は全部自分のものにして、部下は捨て石にするような人物が上司だったらどうだろう。一刻も早くどこかへ異動になってほしいと願うか、どうやったらこの上司から離れられるかと必死に考えることだろう。仮に重用されたとしても、いつ見捨てられるかと気が気ではない。こういう上司は人望がないから、慕ってくる部下や仲間がいない。定年後には付き合う人もいないだろう。

個人が描く未来は人それぞれでよい。だが上司が描く未来は、自分だけに都合がいい未来であってはならない。部下や組織にとって、より良い未来であるべきだ。

先に紹介したＳＣＳＫは、２０１４、15年と連続して日本経済新聞社の「人を活《い》かす会社」調査で総合ランキング一位となった。

ＳＣＳＫは、住友商事《すみともしょうじ》系のＳＣＳと、独立大手のＣＳＫという二つの情報サービス事業会社が合併して２０１１年に誕生した。形としてはＳＣＳが存続会社でＣＳＫが消滅会社である。企業文化がまったく違う二つの会社が、吸収する側とされる側となり、一つになるのは大変難しい。企業合併がご破算となるのは、よくある話である。

その新生ＳＣＳＫが最初に行ったのが、部長クラスを全員集めての大合宿であった。そしてまず第一にＳＣＳＫの経営理念を考えさせた。あまりにも違い過ぎる会社同士だからこそ、これから共に何を目指して行くのかを、当事者である現場の責任者たちに議論させたのだ。そこで生まれた経営理念が『夢ある未来を、共に創る』だった。

そして社内外に向けて会社として、社員として果たすべき三つの課題を設定した。

「人を大切にします」

「確かな技術に基づく、最高のサービスを提供します」

「世界と未来を見つめ、成長し続けます」

自分も仲間も、ステークホルダーも、みんなが幸せになれる未来を目指して行こうと決めたのである。

部長たちはこの約束を持ち帰り、各部署で仕事の合理化、効率化に取り組んだ。残業1日1時間を達成したのは、先に紹介した通りである。さまざまな努力の結果、「成長する」という約束通り、4年間増収増益を達成し、残業時間月平均18時間、有給休暇の取得率95％につながった。

自分か他人のどちらかに犠牲を強いる関係は、一時的には成り立っても長続きはしない。ビジネスの世界では「勝つか負けるか」ではなく、「どちらも勝者」ということが可能である。そうでなければ結局は両者とも敗者になるリスクが高くなるだけである。

上司が未来をつくる②

事の軽重を計る

私たちは日々の雑事に忙殺されているうちに、最優先にしなくてはいけないことを後回しにしてしまうことがある。そしてそのことが、後々大きな問題になったりする。あの時、優先的にすべき仕事ができていなかったと悔やんでも後の祭りである。組織を率いる人間なら、そうならないよういつも意識して優先順位を付けなくてはならない。

実は未来を決めるような大切なことほど「いつかはやらなくてはいけないけれども、今はやらなくていいもの」が多い。緊急性がないからつい先送りにしてしまいがちだが、後回しにしているうちに時間が経ち、いつの間にか大事なチャンスを逃していたことに気付くのである。

私は毎年「年頭所感」を書くことにしている。今年やるべきことを自分なりに整理し、目標設定するのである。これを毎年続けていけば、昨年何を考えたか、3年前は何を決心したか、5年前はどうだったか、自分の成長の軌跡がよくわかる。

1年の計画を立てるとき、私はしばしば「部下の○○を昇格させる」と書いたものだ。そう宣言し、1年前から行動を起こす。部下を昇進させるのなら年内が勝負、年明けにはすでに勝負はついている。私は早い段階から上司や人事部の耳元でそれとなく部下についての良い評価を囁《ささや》いたり、重要な案件で結果を出させたりと、用意周到に根回しをしたものだ。

なぜ「部下の昇進」を重要な目標にするのか。

社員の最大の関心事の一つが昇進することだ。しかも大手企業は、今年は何年入社が昇進の年だという暗黙のルールがある。その時期を逸すると、その後の出世競争が俄然《がぜん》苦しくなる。だから上司は、自分の部下がその時期を迎えたら、成就できるようしっかり応援してやらなければならない。上司は部下の未来を背負っているのだから。

サプライチェーンの改革とか、新規顧客を開拓する、新しい事業のプロジェクトを立ち上げるなどは、緊急性はないがいつかはやらなくてはならないことである。

緊急事態への対応や期限のある仕事は常に目の前にある。それを放置することはできないが、そのことにばかり時間を奪われていてはいけない。緊急ではあるがそれほど大事でないものは〝7割の出来〟で良しとして、緊急性はないが大事な仕事を進めていく時間をねん出する。そんなバランス感覚を身につけたい。

そのためにも、リーダーには大事と小事を見分ける力が求められるのである。

上司が未来をつくる③

信念が突破口を開く

ビジネスを取り巻く環境は刻々と変わる。海外情勢、環境問題、景気動向、技術革新など、さまざまな要因によって経済や社会は変動し、やがて大きな潮目の変化を引き起こす。

新技術の登場によって看板商品がお役御免となったり、国内消費の低迷を新興国の台頭が救ったり。そんな変化をいち早く予見して効果的な対策を取れるか否かが、企業の存続を左右する時代である。シャープ、東芝、ソニーなど、ジャパンブランドの旗手として日本経済を牽引《けんいん》してきたメーカーも、今までのビジネスモデルからの変更を余儀なくされている。デジタル化の波にのまれた富士《ふじ》フイルムは、フィルムをつくる際に利用していたコラーゲンの製造技術を足がかりに、医療分野へと大きく事業領域をシフトすることで活路を見出《みいだ》した。いずれの会社も、環境激変の中、活路を必死に探している。

私が東レのプラスティック事業の企画部長のとき、フランスのフィルム会社を買収する話が持ち上がった。経営内容があまりよくない会社で、東レの経営トップは買収に乗り気ではなかった。一方、プラスティック事業部門のトップはグローバル化に対応するためにはどうしてもヨーロッパに拠点が必要で、是が非でもこの会社が欲しかった。

このとき東レの経営会議は、「買収額の上限を設定し、かつフィルム会社の余剰社員100名を削減して親会社に引き取ってもらうこと」を条件に買収交渉を認めた。

相手先との交渉は東京での会議ではまとまらず、パリに場を移し、フィルム会社とその親会社のM&A部門のヘッドと我々との間で激しい交渉が続いた。

2日目の夜、相手はこちらの主張する買収額を若干上回る線まで降りてきた。ただし社員は100名ではなく60名までの削減にして欲しいという。

東レサイドの交渉責任者である国際部門長は「これで決めよう」と言った。だが私は反対だった。「これで妥協したら経営会議での結論に反することになり、結局買収できなくなります。相手は絶対この会社を売りたいと考えているはずなので、一歩も引かずに交渉しましょう」と訴えた。私の主張に国際部門長は「君は現実の交渉を知らない」とかなり怒って自室に戻って行った。

ところが翌3日目の朝から再開した会議の冒頭、部門長は「そちらからの提案は呑《の》めない。もし我々の提案を受け入れないなら、今から我々は帰国する」と言い放ったのである。

先方は会議を中断し、本社のトップと相談したようだ。午後、再開した会議でこちらの提案は受け入れられ、交渉は決着した。

重要な交渉ごとでは、言葉の端々から相手が本当のところ何を求めているかを正しくつかみ、信念を持ってことに当たることが大事である。後日、国際部門長やその場にいたメンバーは「あのとき佐々木があのように主張しなかったらこの会社の買収はなかった」と言ってくれた。部下の主張に耳を貸し、冷静な判断を下した上司の懐も深かった。

どんな苦境にも活路はある。生き残るためには、問題の本質を探り出さなければならない。今何が問題なのか、どんな痛みを引き受けなければならないのか。あるいは今、何を提案したら相手は合意するのか。誰と組んで何をすればいいのか。

そうした正確な現実把握と強い信念があってこそ、突破口は見えてくる。ブレイクスルーは、決して空から降ってはこないのだ。

上司が未来をつくる④

リーダーの要諦は「現実直視」

現実を正しく把握するというのは、難しいものである。

事実は一つだと思っているかもしれないが、必ずしもそうではない。「報告された事実」「期待されている事実」「事実とされているような事実」「すべてを伝え切れていない事実」など、これこそが事実だと思っていても、実はさまざまな事実もどきがあふれている。

一方、嘘にも「見せかけの嘘」「本当の嘘」「統計の嘘」などいろんな嘘がある。

人は、自分に与えられた情報から判断するしかないし、どうしてもこうだったらいいという自分の期待を込めて選びたがる。その段階ですでに事実を色眼鏡で見ていることになるわけだ。

私が繊維事業の企画の仕事をしていた時に仕えた本部長のことを思い出す。

東レの原料を使っているタイヤメーカーに、ある重要な技術ノウハウをライセンスするかどうかを決める会議があった。そのメーカーがアメリカの会社を買収したことで東レに依頼してきた事案である。

営業サイドは大事な顧客の要望でもあり、アメリカでの拡販のためにもその技術をライセンスしてやりたがっていた。技術サイドは自社の重要な技術をそう簡単には渡せないと主張した。どちらの意見ももっともである。

本部長は特別に長時間とってライセンスすることのメリット、デメリットをすべて洗い出す議論をさせた。最終的には顧客への販売量は落ちるかもしれないが、自社技術の流出によって失うものの大きさを考え、ライセンスしないことを決断した。

この本部長は重要な案件になると、とことん時間をかけてお互いの主張をぶつからせることをいつもしていた。その時に「その主張は本当に正しいのか。事実なのか」を繰り返し確認するのが常だった。「ライセンスしなければ販売量が落ちる」と営業が言えば「本当にそうなのか。東レの原料を購入するメリットがあるから購入しているのではないか。他社にシェアを取られると言うが、どの会社にどんな理由で取られるのか」と問い続ける。技術サイドには「その技術の特許の価値を科学的・理論的に分析しろ」と求める。そうした密度の濃い議論を、納得いくまで詰めていくのである。そういう議論を続けるうちに、次第に正しい結論が見えてくる。

リーダーにとって最も大事なことは、いま何が現場で起こっているかを正しくつかむことである。ところが、組織が大きくなればなるほど、自分自身の目で見ることは難しくなる。そこで人を使って知ることになる。

だからこそ、現場には自分の思い込みではなく現実通りを報告できる部下、信頼できる部下を配置し、事実を正しく報告することを徹底させる必要がある。忖度《そんたく》など無用、現場は勝手に情報を取捨選択せず、いい情報も悪い情報もできるだけ正確に報告することが役割であると日々指導しておかなければならない。

そして会社の中で何が起こっているのか、マーケットでは何が起こっているのかを正しく把握する。自分の組織の中に、そのようなメカニズムを持つことが大切である。

上司が未来をつくる⑤

まず腹をくくれ

大学時代の友人で、ある化学会社に就職した男がいる。かなり優秀な男ではあるが、やや思い入れが強く感情的になるきらいがあった。その彼が50歳になった頃、業績の悪い関係会社に出向することになった。どうも上司との折り合いが悪かったらしい。いわば左遷人事である。

「この歳でこんな会社に出向とは」とずいぶん落胆したようだ。

しかし会社が決めたことなら仕方ない。役職は取締役、人数も１００名程度の会社である。ここなら本社にいる時よりずっと思い切ったことができる、自分の腕を振るえると考え直し、自分の信念に従って全力を尽くすと決めた。

人間、決心がつけば気持ちが切り替わるものだ。彼は「何としてでもこの会社を良くしよう」という志を持って、業績の悪い会社を再建した先輩の話を聞きに行ったり、その会社のキーマンを見つけ出して会社の何が問題なのか意見を求めたりと精力的に動いた。

仕事に向かう意識も変わっていた。前の職場では自分の考えだけで行動しがちだったことを反省し、できるだけ多くの人の話を聞くようにしたという。そしてこの職場が自分の最後の場所と腹をくくった。腹をくくることで、ベストを尽くそうと心から思えたのだそうである。

3年後、その会社の業績は本社の予想に反し、見事に回復。友人は、取締役で終わりかと思っていたその会社の社長に就任したのである。

彼は一度はすっかり諦《あきら》めた。諦めたから、新しい気持ちで仕事に向き合うことができ、自分の欠点を正すことができた。「終わりは始まり」とはまさにこのことである。

腹をくくるとは、いかなる事態にもひるまないよう心を固めることである。

それは失敗という結果も引き受けるということだ。

リーダーは、仲間が混乱し、不安を感じ、自信を失っているときにでも先頭に立って、「こっちへ進もう」と旗を振らなければならない。いつでもすべての情報が集まったうえで判断できるわけではない。常に変化する現実と向き合い、失敗のリスクを横目で見ながら、限られた情報をもとに決断を下さなければならないときもある。そしてその結果は社員と会社、取引先などに大きな影響を与える。そんなときにもひるまない強さを「腹をくった」と言うのである。

人の判断に完璧《かんぺき》なものなどあり得ない。人間は間違えるものなのだ。どんな上司もさまざまな決断を迫られ、選択してきた結果、今の地位にいるのだが、その間一つも間違えなかった人などいるはずがない。いくつもの失敗を経験し、その経験を次に活かしながら判断の精度を上げてきたはずである。運も味方してくれただろう。人にも助けられただろう。そうやって人はリーダーになっていくのである。

未来は現在の選択の結果だ。大きな決断を下すときこそ、「終わりは始まり」くらいのおおらかな気持ちで、しっかりと腹をくくりたい。

「悲観主義者はどんな機会を与えられても困難を見つけ、楽観主義者はどんな難しい状況でも機会を見つける」（ウインストン・チャーチル）

上司が未来をつくる⑥

40代からはしなやかに生きよ

20代や30代までは、寝食を忘れてがむしゃらに働く時期があってもいい。若いときには、経験も知識も不足している。どんなに工夫して仕事を進めようとしても、失敗したり回り道をしたりして仕事にムダが多い。それをどうやってカバーするかというと、優秀な先輩のやり方を真似たり、多くの作業量でこなすのである。そうやって少しずつ仕事のコツを覚えていく。計画的、効率的な仕事の進め方を習得していく。それが20代から30代前半までの時期である。

しかし40代にもなれば、体力的にムリを続けると集中力や判断力が鈍り、仕事のパフォーマンスが落ちてしまうようになる。健康の維持にも注意しなければならない。ここからは、もう一段上の働き方へと切り替える時期である。

40代にはすでに知識や経験がある。会社の体質も仕事の勘所もだいぶ学んだ。実務の経験も十分、ある程度の行動パターンも決まったことだろう。ここから先は先輩のイミテーションではなく、自分なりのオリジナリティや新しい何かを打ち出していかないと、会社の期待に応《こた》えることはできないだろう。40代半ばを過ぎたら、イミテーションからイノベーションへの脱皮をする時期である。

40代にとっての大きなアドバンテージは、部下ができるということである。もともと自分一人でできることは限られているが、部下を適材適所に配置しながら仕事を進めていけば、自分一人の能力の何倍もの効果が出る。その時間を、イノベーションの創造に使うのだ。

また、40代というのは家庭では、子どもが思春期を迎えたり、親の介護を考えなくてはいけないなどいろいろと難しい時期に差しかかる。仕事のみに没頭していると、他の大事なことがおろそかになり、人生のバランスが大きく歪《ゆが》んだものになってしまう。

30代までは、どれだけがむしゃらに働くかがその人の成長角度を決めるが、40代以降はしなやかに生きることで、その後の人生を実り豊かなものにできる。

出世争いという点で言えば、大企業などではビジネスマンの勝負は50代にやってくる。

その時、リーダーとして組織を引っ張っていくだけの力量を持った人物であるかどうかが見極められ、その評価が最終的に自分がどこまで出世できるかにも直結するだろう。

勝負の土俵に上がりたければ、40代からの生き方を意識的に変えていくことだ。

上司が未来をつくる⑦

人は優しくなければ生きる資格がない

私は30代初めの頃、潰《つぶ》れかかった繊維商社の再建のために出向したことがある。第四章でも紹介した会社である。その会社は潰れたら負債総額は1500億円かともいわれ、東レにとっては激震が走る大事件であった。そのため再建の命を受け出向した12名は、選《え》りすぐりの仕事師ばかりであった。

中でも営業担当の責任者は凄腕《すごうで》として知られ、着任と同時に矢継ぎ早にプランを出し、部下に指示していった。だが要求は過酷で、できなければ必罰。ある意味恐怖政治に近いものがあった。社員は表面的にはその人に従うものの、面従腹背というか陰ではさまざまな不満を言い合っていた。じきに部下たちの気持ちは離れていき、結局その人に協力する人は減っていった。

それに対し、そのすぐ下の担当部長はよく部下の話を聞き、常に社員の苦しみや困難を理解して行動する人だった。そのため部下は信頼を置き、何ごとにも協力し知恵を出してくれた。人は「強さ」だけで従うものではないのだ。

その出向から10年ほど経った頃、私の妻がうつ病を患った。私は仕事と家事の両立を余儀なくされていた。あれは担当事業のコアメンバー20人ほどで合宿を組み、中期事業計画の検討会を行っていたときだった。私は企画部長としてその中心的役割を果たしており、検討会の司会も任されていた。その検討会のさなかに携帯が鳴った。妻からの電話で、帰って来てほしいと言う。「いまは大事な時だからムリだ」と言ってもその日に限って執拗《しつよう》で承知しない。その声が思いつめ、切羽詰まった感じだったので、私は上司の取締役に正直に話した。その人はすぐに「仕事より家族が大事だ。すぐ自宅に戻りなさい。あとは私がなんとかする」と言ってくれた。さすがにこの時は、仕事より部下の家族の苦境に思いを致す上司の優しさに感激し、この人のためなら命を賭《か》けてでも仕事をしようと思ったものだ。

人は覚悟を決めたら強くなれる。また、信念も人を強くする。本当の強さとはそうしたもので、決して力による支配ではない。激務の合間にふと見せる優しさや、人の苦しみを理解する思いやりが、人の心を動かす力を持っているものだ。

「強くなくては生きていけない。優しくなければ生きている資格がない」

レイモンド・チャンドラーの名言である。万難を排するとは、未来をつくることである。そのときに必要となる強さは、信念と優しさから生まれるものであってほしい。

あなたが会社を変えなさい

上司が未来をつくる⑧

隣の芝生は青いという。他人の会社はとかく良く見えるものだ。

確かに、いい会社というものはある。先に挙げたジョンソン・エンド・ジョンソンや本田技研工業、ＳＣＳＫなどは、その一つだろう。そのエピソードを聞いて「うらやましいな」と思うかもしれない。「うちの会社にも一応経営理念はあるけれど、すっかりお題目になっている。上の連中は、みんな自分のことしか考えていない」と。

もしそうならば、やるべきことは明快だ。あなたが会社を変えればいい。

私は多くの人が、「会社がダメだから、よい仕事ができない」ということを口にし過ぎだと思う。自分も会社の一員であることを忘れている。

いきなり会社全体を変えるのは難しいが、自分の組織くらいなら変えられるはずだ。

会社の経営理念が形骸《けいがい》化していてメンバーの心に響かないものになっているのなら、チームの経営理念を自分たちでつくって、自分のチームだけはそれを実践すればいい。

それによりチームに変化が起きれば、その影響はやがて周りの部署にも及んでいくことだろう。
「あの部署はいつも活き活きと仕事をしていて、お客さまから喜ばれ、しかも売り上げや利益を上げている。うちもあの部署を見習おう」

そういう気運が高まれば、あなたが掲げた理念が全体に波及し、いつしか会社を変えることだってあるのではないか。

「そんなことできっこない」「それは上のやることだ」と思っている人間には、もちろんできない話である。あなたが会社を変えるためには、まずはあなたが変わることだ。現状に満足していない人間は、それを人のせいにする。

理念のない会社、嫌な上司、生理的に合わない同僚、偉そうな客、仕事のできない部下……。あなたがそう思っている限り、相手からも同様に思われている可能性がある。どんなに嫌な相手でも付き合わなければいけないし、どんなにつまらない仕事だろうが、きちんと成果を上げなければならない。それが会社で働くということだ。それが嫌なら、会社で働くという人生を降りるしかない。

自分が当事者意識を持って現状を変えていこうとしない限り、いつまで経っても隣の青い芝生を眺め、ここではないどこかを夢想して、ただ時間だけが過ぎていくことになる。

おわりに

会社の上司は、日々組織を率いて結果を出すことと、一人でも多くの部下を成長させるという使命を果たさなければならない。

そこで求められるのは、自ら「主体的に取り組む強い姿勢」と、周囲の人たちに貢献しようという「大いなる志」である。

欧州《おうしゅう》には「社会的地位のある人には責任が伴う、あるいは義務がある」という意味の「ノブレス・オブリージュ」という言葉がある。

上司とはある地位を与えられ、部下を率いる責任を負った立場なのだから、ノブレス・オブリージュが求められる。

この言葉に魂を宿すものが、上司の「大いなる志」であろう。

リーダーは己の心の内に、周囲の人たち、自分のいる組織、あるいは社会に対する熱い想いと責任感がなければ、自分に与えられた使命を遂行することができない。

私は以前、「出世はその人の人間性と能力と努力のバロメーターである」と書いたことがある。

人間性か能力か努力のどれかが優れていれば出世することがある。

だから能力はあるが品性には欠けるトップはあちこちにいる。

しかしみなさんがいるそれぞれの現場では、熱い思いと責任感がなければ、人を率いる真のリーダーにはなれない。

ドラッカーはリーダーの資質として「真摯《しんし》さ」を必須のものだと言う。

「真摯さよりも、頭脳を重視する者を昇進させてはならない。判断力が不足していても、害をもたらさないことはある。しかし、真摯さに欠けていたのでは、いかに知識があり、才気があり、仕事ができようとも、組織を腐敗させ、業績を低下させる。

真摯さはごまかしがきかない。一緒に働けば、その者が真摯であるかどうかは数週間でわかる。部下たちは、無能、無知、頼りなさ、無作法など、ほとんどのことは許す。しかし、真摯さの欠如だけは許さない。そして、そのような者を選ぶマネジメントを許さない」(『現代の経営』[上] ダイヤモンド社)

組織の中で働いていれば、不条理なことが次々に起こる。本書はそうした理不尽を乗り越え上司としての務めを果たしていくための心得を書いたつもりである。

しかし、私が上司として真に必要だと考えているのは「真摯さ」であり「大いなる志」であることを忘れないでいただきたい。

それを大切にしていったとき、みなさんの世界が大きく広がっていくのではないかと期待している。

なお、本書の刊行に際しては、ＫＡＤＯＫＡＷＡ・角川新書編集長の原孝寿さん、ライターの山田恵子さんに企画の段階から大変お世話になりました。心から感謝いたします。

佐々木常夫（ささき・つねお）
1969年、東京大学経済学部卒業、同年東レ入社。自閉症の長男を含め３人の子どもを持つ。しばしば問題を起こす長男の世話、加えて肝臓病とうつ病を患った妻を抱え多難な家庭生活。一方、会社では大阪・東京と６度の転勤、破綻会社の再建やさまざまな事業改革など多忙を極め、そうした仕事にも全力で取り組む。2001年、東レ同期トップで取締役となり、03年より東レ経営研究所社長となる。10年、㈱佐々木常夫マネージメント・リサーチ代表。
何度かの事業改革の実行や３代の社長に仕えた経験から独特の経営観をもち、現在、経営者育成のプログラムの講師などを務める。社外業務としては内閣府の男女共同参画会議議員、大阪大学客員教授などの公職を歴任。
著書に『完全版　ビッグツリー』『そうか、君は課長になったのか。』『働く君に贈る25の言葉』（以上、WAVE出版）、『ビジネスマンに贈る 生きる「論語」』（文藝春秋）、『それでもなお生きる』（河出書房新社）、『それでも、人を愛しなさい』（あさ出版）、『実践　７つの習慣』（PHP研究所）などがある。

決定版《けっていばん》　上司《じょうし》の心得《こころえ》

佐々木常夫《ささきつねお》

2015年12月10日　初版発行
2024年10月20日　10版発行

発行者　山下直久
発　行　株式会社KADOKAWA
〒102-8177　東京都千代田区富士見2-13-3
電話　0570-002-301（ナビダイヤル）
装 丁 者　緒方修一（ラーフイン・ワークショップ）
ロゴデザイン　good design company
オビデザイン　Zapp!　白金正之
印 刷 所　株式会社KADOKAWA
製 本 所　株式会社KADOKAWA

角川新書

ISBN978-4-04-082039-2 C0295

KADOKAWAの新書 好評既刊

真田一族と幸村の城
山名美和子

真田幸隆、昌幸、そして幸村の真田三代の跡を追い、幸隆が海野氏の血脈を継ぐ者として生を受けてから、幸村が大坂夏の陣で壮絶な最期をとげるまでの、およそ一〇〇年をたどる一冊。

習近平の闘い
中国共産党の転換期
富坂　聰

2013年、習近平は蔓延する官僚腐敗に対し「虎も蝿も罰する」と宣言した。大物（虎）も小物（蝿）も罰する、と。当初冷ややかに見ていた人民は、やがて快哉を叫ぶ。習近平は中国共産党の歴史を変えようとしていた。

ギャンブル依存症
田中紀子

ギャンブル依存症は意志や根性ではどうにもならない、「治療すべき病気」である。この病気が引き金となった事件を知り、私たち日本人は学ばなくてはならない。この国が依存症大国から依存症対策国へと変わるために。

傍若無人なアメリカ経済
アメリカの中央銀行・FRBの正体
中島精也

為替相場はFRBの政策次第。日銀やECBの政策がどうあろうと、FRBが動けば、その方向に為替も動くのが世界経済の仕組みである。日米欧のキーマンたちによる金融覇権争いの姿を克明に再現する。

半市場経済
成長だけでない「共創社会」の時代
内山　節

競争原理の市場経済に関わりながらも、よりよき働き方やよりよき社会をつくろうとする「半市場経済」の営みが広がりはじめている。「志」と「価値観」の共有が働くことの充足感をもたらす共創社会の時代を遠望していく。

KADOKAWAの新書 好評既刊

危機の外交
首相談話、歴史認識、領土問題

東郷和彦

戦後七〇年を迎える日本が瀕する外交の危機、そして危機における外交の在り方とは。首相談話、靖国、尖閣、慰安婦と徴用工、北方領土の五つの論点から中韓米露関係を考える。元外交官が「遺言」として綴る打開策。

戦争・天皇・国家
近代化150年を問いなおす

猪瀬直樹
田原総一朗

なぜ日本は変わらないのか？　戦後論だけでは語りえない国家の本質とは？　ノンフィクション作品を通じ様々な角度から日本国の骨格を明らかにしてきた猪瀬直樹に、戦争を体験したジャーナリスト・田原総一朗が問う。

里海資本論
日本社会は「共生の原理」で動く

井上恭介
NHK「里海」取材班

里海＝人が手を加えることで海を健康にし、豊かにするメカニズム。瀬戸内海の再生で、SATOUMIとして世界から注目されている。地球の限界を救うモデルとして、瀬戸内海生まれ日本発の概念が、世界経済を変えようとしている！

任天堂ノスタルジー　横井軍平とその時代

牧野武文

ウルトラハンド、ウルトラマシン、光線銃SP、ゲーム&ウオッチ、ゲームボーイなどを大ヒットさせた任天堂の伝説的開発者・横井軍平の栄光と苦悩を描く。横井の発想哲学「枯れた技術の水平思考」とは何か？

高校野球　熱闘の100年
甲子園の怪物たち

森岡　浩

高校野球誕生から100年。大正4年の第1回大会から現在まで、高校野球史研究の第一人者が、ドラマチックな名場面に迫り、今もなお語り継がれる名選手・名勝負の数々を、豊富なエピソードとともに描き出す。